カスケードダウン

人と組織が自ら動く
経営戦略の浸透策

ダイヤモンド社

はじめに

9割の社員が腹落ちしていない経営戦略

「しっかりと社員に経営戦略を伝えている、なぜ結果が出ないのか、社員の意識に問題があるのではないか」

企業の経営者や経営企画部門の担当者と話をしていると、よくこんな悩みを打ち明けられます。

確かに多くの企業では、トップの年頭あいさつ、社内報、中期経営計画……、事あるごとに社員に経営方針や成長戦略、事業経営計画といった経営戦略を発信していま す。しかし、社員にとって単に「伝えられた」だけとなっていないでしょうか？ つまり、「理解し、納得し、腹に落ちている」状態ではない。

「伝えているのに動かない」と感じているなら、ぜひ一度、経営戦略が浸透しているか、社員の皆さんに聞いてみてください。

おそらく9割の社員が
「経営が何をどうしたいのかわからない」
「会社がどこに向かうのか見えてこない」
「経営戦略が漠然としていてわかりにくい」
と答えるでしょう。

企業では、往々にして経営戦略のすべてが上層部のクローズドな場で決められ、部門ごとの課題やノルマだけが指示命令として現場に伝えられます。経営戦略の本来の目的をよく理解していない社員は、ただ上からの指示や命令をこなすことが目的化しがちです。当事者意識も主体性もありません。やらされ感を伴う仕事は、決して良い結果を生まないのです。

カスケードダウンせよ

では、経営戦略を社員に理解・浸透させ、経営陣が思い描いた姿を実現していくには、具体的に何をすれば良いのでしょうか？

それを実現する企業変革の手法が本書で紹介する「カスケードダウン」です。

耳慣れない用語かもしれませんが、カスケード（cascade）とは、英語で階段状に連なる小さな滝を意味する言葉です。ビジネスにおけるカスケードダウンでは、組織の上位層から下位層まで、全社の経営戦略を浸透させ、個々の社員の職責や業務の範囲までタスクを細分化して、滝が流れるように伝えていきます。同時に本書で紹介するカスケードダウンは、経営戦略の実現に不可欠な組織の連携力を、「組織間の横のつながり」の構築によって強化していきます。

細分化というと、目標管理制度で経営戦略をブレイクダウンし、個人ごとの目標を設定し管理する方法と同じように見えますが、カスケードダウンと目標管理には決定的な違いが二つあります。

一つ目はカスケードダウンが**「経営戦略をストーリーでつなぐ」**ことです。

通常、企業の経営戦略は、経営層や経営企画担当がさまざまなデータや情報をもとに何時間にも及ぶ議論をしながら決定していきます。その議論の中で、バラバラだった「点」の情報が「原因と結果」「目的と手段」といった「線」でつながったストーリーとして積み上げられていきます。ストーリーを共有しているメンバーは経営戦略を他人ゴトにはしません。

ところが、多くの目標管理制度を見ると、ミドルマネジメント層以下の目標設定において、経営層が交わした議論や背景にある情報が共有されることはありません。経営戦略・課題・定量目標などの断片的な点の情報だけが現場に発信されるだけになってしまうのです。

人は断片的な情報よりもストーリーを共有する方が、物事を理解しやすいもの。腹落ち感も高まります。自分自身が経営戦略の当事者であることを認識し、自分ゴト化します。

カスケードダウンでは、社員の誰もが同じ目線に立ち、同じストーリーを共有し語れるようになることで、経営と現場、部門と部門、上司と部下など、組織を分断する壁や溝が埋まります。

二つ目は、カスケードダウンが**「抽象度の高い経営戦略を具体化していく仕組み」**であるということ。事業がいくつかに分かれ、広範囲にわたる企業の場合、どうしても経営戦略は抽象的かつ漠然としたものになります。ところが多くの目標管理は経営戦略を抽象度の高いまま伝えるだけで、具体化していく仕組みになっていないのです。その結果、社員からは「経営戦略はあるが具体性がない」といって浸透していかないのです。

カスケードダウンはそういった抽象的かつ漠然とした経営戦略を「細分化」というプロセスを通じて、現実感のある具体的な取り組みにつなげていきます。

経営の中心に社員を置く

「経営戦略を腹落ちさせることの重要性は理解できるが、それで本当に社員が動くのか？」と疑問に思う経営者も多いのではないでしょうか。

実は、疑問を抱く経営者の話を聞くと、たいてい「うちの社員は危機感がなく、意識も低く、主体性もない」という結論に達しています。基本的に「社員のことを信用していない」のでしょう。

社員を動かなくさせている大きな要因の一つは、経営者の社員に対する不信感です。経営者の不信感はマネジメントスタイルに表れます。例えば「現場の権限を奪う」「意思決定を経営に集中させる」「しつように報告や説明を求める」「徹底的に行動を管理する」など、社員を縛り付ける管理強化が行われるのです。

がんじがらめのマネジメントの下で社員は殻に閉じこもった状態になりがちです。主体的に行動を起こしてもらいたいなら、まずは「社員を信頼する」が基本です。

カスケードダウンでは、「人（=社員）が中心の経営」という考え方をとります。経営の中心に社員を置くというのは、経営トップと同じように、社員も経営戦略=「目的」を理解し、目的実現のために自分がとるべき「手段」を自分の頭で考えることを意味しています。当事者意識が生まれた社員ほど強いものはありません。日々の仕事を自社の成長に向けた仕事へと自ら変革していき、経営者が望む結果を生むことにつながるのです。

いざとなれば人・組織は動く

それでも、「何をやっても人・組織は動かない」と考える経営者の方に、私自身の実体験を交えながらお伝えします。

私は1992年に大手信託銀行に就職しました。

まさにバブル崩壊が始まった頃で、5年後の97年には北海道拓殖銀行の経営破たんや大手証券会社の山一證券の自主廃業という事態が起きました。1990年代の金融危機と呼ばれるものの象徴的な出来事です。

金融不安が広がる中で、私が勤めていた銀行にも影響が及びます。ある日、マスコミ報道によって「○○信託銀行倒産か」という記事が出ると、顧客はパニックを起こし、いわゆる取り付け騒ぎが起きてしまったのです。

記事が出た翌日には、開店前から顧客が殺到し、次から次へと預金が解約され、同時に株価も大幅に下落しました。一時的には額面の50円をも下回り、いよいよダメになるかもしれないという局面を迎えたのです。

顧客のほとんどは現金での受け取りを希望したため、支店にあった現金は底をつくまで減っていきました。しかし、すぐさま本店から見たことのない億単位の札束が運びこまれたことで、その日は何とか持ち堪えました。

翌日以降も預金解約の嵐は続きましたが、最終的にグループ会社からの増資による支援策が決まり、最大のピンチを乗り越えることができたのです。

この一連のエピソードで伝えたいのは、取り付け騒ぎという未曽有の危機を前にして起きた人と組織の変化です。

それまでは本店から課された目標を達成するために、支店の社員の誰もがたんたんと業務をこなすだけの日々を送っていました。経営と現場、本店と支店、営業と事務など、行内の組織の関係は決して良好とは言えない状況でもありました。ギスギスした雰囲気や蓄積した疲弊感も広がっていたのです。

ところが、取り付け騒ぎという危機が状況を一変させました。すべての社員がそれまでにない行動を自ら進んで起こし始めたのです。

支店の社員は、融資担当や事務担当が、日ごろの立場や役割に関係なく、協力しあいながら、普段の何倍もの顧客がやってくる窓口担当をサポートし始めました。

本支店の関係性も危機以前とはまったく違うものとなりました。

普段は〝上から目線〟の本店社員がすぐさま支店に駆け付け、支店長の指示に従いながら顧客対応を担当しました。また、本店の企画担当は、最新情報を入手するや否や速やかに支店に情報を提供、情報の不足している支店には貴重な情報となりました。支店から要望があれば、従来では考えられないスピードで決裁をとり、すぐに回答や対応策を返信したのです。

一連の騒ぎが一段落すると、社員が一丸となって協力し、危機を乗り越えたことに、それまでになかった一体感と達成感を感じることができました。

当たり前のことかもしれませんが、人は危機に直面し、「自分が動かなければ問題が解決しない」ことを理解すれば、必ず行動を起こします。「何をやっても人・組織は動かない」という理屈は真ではないのです。

もし経営者の皆さんが「社員は本当に動くのか？」と疑っているのであれば、「倒産の危機」ではないにしても、経営者が抱いている将来への危機感を共有し、その先の経営戦略を「理解し、納得し、腹に落ちている」状態にするための努力をする必要があるのです。

私がこれまでカスケードダウンを実施してきた会社の社員を見ていると、8割近くの社員は、経営者ほどではないにしても、ある程度の危機意識を持ち、自分を成長させたいと考え、また主体的に動くことの大切さを理解しています。コンサルティングを通じて、全社の6～7割の社員が主体的に動き出すことで、会社が大きく変貌していく姿を目の当たりにしてきました。

カスケードダウンは、経営戦略に込めた狙いを実現可能にする取り組みなのです。

これまで経営戦略を策定し、さまざまな改革を進めてきたが結果が出ていない、あるいは企業変革や人的資本経営の進め方を迷っている、そういった企業の経営者、事業責任者、人事担当者、企画担当者の皆さんには、ぜひ本書を参考にしてカスケードダウンを実践していただければと思います。

石原 正博

2024年2月

カスケードダウン――人と組織が自ら動く経営戦略の浸透策

目次

第2章 「カスケードダウン」とは何か

第3章 カスケードダウンの進め方

第4章

STEP1 変革の火をおこす

第5章

STEP2 経営戦略を理解する

第6章

STEP3 経営戦略を細分化する

第7章 具体策の策定と実行

第1章

腹に落ちない目的に人は本気で動かない

これまで企業は、自社の成長に向けて経営方針や経営戦略をつくり、人材、組織、業務、システムなど、さまざまな改革を行ってきました。しかし、そのほとんどは決してうまくいっているとは言えません。今も多くの企業の改革は苦戦が続いています。

なぜ、改革はうまく行かなかったのでしょうか。

本書は企業の経営戦略を実現していくためのカスケードダウンという手法を紹介していきますが、その根底にある「経営の中心に人を置く」という考え方を理解するために、第1章では、カスケードダウンを行わない企業の改革に失敗した事例と、カスケードダウンによって企業改革に成功した事例を紹介し、改革を成功に導くための課題やポイントについてお伝えしていきます。

ケース1 「頓挫した3回目の業務改革」（製造業A社）

電子部品を製造しているA社では、厳しい経営環境下での生き残りをかけ、経営計画を策定し、最重要課題として次のようなテーマを掲げていました。

- 中国や韓国の競合メーカーに対して差別化を図る
- 国際情勢が不安定な状況を踏まえ、サプライチェーンを再構築する
- 慢性的な人手不足の中で、人材を確保し育成していく

また、現場が抱える課題として「生産性の向上」を掲げ、トップが推進責任者となって業務改革を進めていました。

業務改革のメインテーマはデジタル化です。経営企画とシステム部門のメンバーを中心に業務改革推進室を立ち上げ、各現場の部門長クラスを現場の推進責任者として取り組みを進めていました。

デジタル化がメインテーマではありましたが、業務の効率化につながるものなら、それ以外のテーマを設定しても良く、基本的には「社員の自主性」を尊重しながら、各部門、各現場の判断でテーマが決められました。

A社では、過去に2回、業務改革に取り組んだ経験がありました。しかし、経営側がテーマの選定に口を出し、現場の取り組みにも干渉したため、現場にやらされ感が強まって失敗に終わりました。

そこで今回は、全面的に現場に任せることを基本方針としました。ただし、進捗に関しては月に一回、各部門から報告書が提出されることになっており、業務改革推進室がそれをとりまとめた上で、経営に報告する形になっていました。

各部門が掲げた業務改革のテーマを見ると、現場の自主的な判断で、さまざまなテーマが設定されました。例えば「ペーパーレス化の促進」「業務プロセスの見直し」「社内データの有効活用」などのテーマです。

業務改革の取り組みがスタートして半年が過ぎた頃から、徐々に成果も出始めました。

例えば、「事務負担が軽減された」「情報の共有化が進んだ」「無駄な調整や会議がなくなった」といった業務の効率化です。

一定の成果が出たことで業務改革推進室も一安心。早速、経営に対し状況を報告しました。報告を聞いた社長も取りあえずは納得した様子です。

社長は今回の成果を社内で共有し、さらに多くの成果を出し、最終的には経営計画の達成につなげるために社内報に成功事例を載せ、大々的にアピールするよう指示を出しました。

しかし、しばらくすると、具体的な成果は徐々に減っていきました。毎月提出される報告書の内容も、同じような内容が焼き直されるだけ。しだいに中身の薄い報告になっていったのです。決算期末が近づくと、各現場は目の前の数字に追われます。多くの部署では業務改革への取り組みの優先度が下がり、ほとんどの取り組みが停滞するようになっていきました。

危機感を抱いた業務改革推進室は、あらためて経営側から業務改革の推進をプッシュしてもらおうとトップにメッセージの発信を依頼しました。しかし、決算期というタイミングもあってか、「今の状況でメッセージを出すのは良くない」との社長判断で発信は先送りに。経営の本気度に疑いを持ち始めた業務改革推進室は、これを機に士気が下がっていきました。

決算も終わり新年度を迎えましたが、業務改革は停滞したまま形骸化していき、数カ月後に業務改革は終了しました。

業務改革推進室は解散となりましたが、経営からは今回の業務改革に関してどれだけ業績効果があったのか、検証や総括も求められることなく、「改革に取り組んだ」という事実だけが残りました。推進室のメンバーは、どことなくモヤモヤ感を残したまま元の部署に戻っていったのです。

経営計画と切り離された業務改革

いまやほとんどの企業が取り組む業務改革ですが、A社のように時間がたつにつれ活動が停滞していき、成功か失敗かの検証や総括もないまま終わった事例は数多くあります。

なぜA社の業務改革は行き詰っていったのでしょうか。

この問題をクリアにしていくために、まず次の問いから考えてみます。

〈問〉A社の業務改革のそもそもの目的は何か？

①現場の社員の主体性を引き出すこと
②業務を効率化し生産性を上げること
③経営計画の目標を達成すること

一見するとどれもおかしくありませんが、経営者が答えるならば③の「経営計画の目標を達成すること」となるのではないでしょうか。

企業経営にとって生産性を上げる業務改革は、経営目標を達成させ会社を成長させるための課題のうちの一つであり、目的を実現するための手段の中の一つです。

ところが、現場の社員に「業務改革の目的は何か」と質問すると②の「業務を効率化し生産性を上げること」と答えます。

つまり、経営者と現場の社員との間で、目的の捉え方が違っていたのです。このことが、改革を失敗へと導く大きな要因となっていました。

A社のケースを振り返ってみましょう。

まず経営陣は経営計画策定の中で、次の3つの課題を最重要経営課題として設定しました。

● 中国や韓国の競合メーカーに対して差別化を図っていく
● 国際情勢が不安定な状況を踏まえ、サプライチェーンを再構築する

●慢性的な人手不足の中で、人材を確保し育成していく

同時に、生産性向上に向けた業務改革が進められることになったのですが、業務改革を経営計画という目的を実現するための手段として捉えるならば、A社は最優先で解決させたい3つの最重要経営課題を解決するための手段として、業務改革を進めるべきだったのです。

それが、ただでさえ忙しい現場の貴重なリソースを経営計画の実現のために最大限有効に活用することにもつながります。そして、経営計画実現のための業務改革を通じて、各現場は、どのように「中国や韓国との差別化を図るのか」「サプライチェーンを再構築するのか」「人材を確保し育成するのか」を考えていく必要があったのです。

その後、経営計画が決定し、社内に発信されました。ところが、その内容はA3サイズに簡単にまとめられた資料が配布されたのみ。経営層が解決を急ぐ3つの最重要経営課題について詳細な説明や背景は伝えられず、生産性向上に向けた業務改革の推進が経営課題とは切り離された形で発信されてしまいました。

結果的に現場では、3つの最重要経営課題に結びつけて業務改革のテーマを設定することもなく、業務改革そのものが目的化する、いわゆる**〝手段の目的化〟**という事態に陥ってしまったのです。

見方によっては「別に業務改革自体が目的化しても構わないのではないか」という意見もあるでしょう。しかし、業務改革が経営計画から切り離されたことで、現場は何をするかというと、

「本社や部門の垣根を越えるような面倒で厄介な課題は避けようとする」
「会社全体や他部門よりも自部門に都合が良いテーマを優先する」
「普段の業務範囲で簡単かつすぐに解決できる安易なテーマを選ぶ」

といった**経営全体への効果を考慮しない、あまりインパクトのないテーマを設定してしまいがち**なのです。

またA社の場合、「現場の自主性を尊重する」ことを基本としていましたが、業務改革を日々の業務とは別の自主活動と位置付けていました。そのため、決算期や本業が忙しくなると「やってもやらなくても良い」という扱いとなり、優先順位が下がり、業務改革は行き詰っていくことになったのです。

業務改革の取り組みは、忙しい現場の貴重なリソースのかなりの量を拘束します。本来なら、投下したコストを上回る効果をもたらす必要があります。そのため、経営が掲げた経営計画をしっかりと現場に浸透させ、3つの最重要経営課題を細分化させながら、経営計画を実現させるための優先順位の高いテーマに取り組むべきなのです。

A社の業務改革で得られた成果は、「事務負担が軽減された」「情報の共有化が進んだ」「無駄な調整や会議がなくなった」といった内容でした。間違ってはいないものの、最重要経営課題に比べれば優先度はきわめて低く、業績への貢献度も決して高くないテーマに取り組んでしまったのです。

業績への効果が期待できないテーマで業務改革を進めるのは、限られたリソースの無駄遣いにすぎません。

ケース2 「カスケードダウンで企業はどう変わるか」（メーカーB社）

部品製造販売会社であるB社はこれまで、大手電機メーカーP社の関係会社として電器関連部品を製造しP社にそのほとんどを納入していました。売り上げで見ると9割はP社で1割が他の企業との取引によるものでした。またB社の社長ならびに事業幹部はほとんどP社からの転籍または出向社員で構成されていました。

近年の業績は、長引く不況や海外電機メーカーとの価格競争の中、P社の売り上げが大幅に減少し、B社もその影響を受けて売り上げが落ち込んでいました。

そんな折、P社は一部事業からの撤退を発表。その時点でB社に影響はありませんでしたが、B社の社長は、今後さらにP社の事業再編が進み事業撤退や売却が増えるだろうと予測し、早めの対応策を講じる必要を感じていました。

B社では従来、3年ごとに経営計画を策定し、その中の戦略テーマとして「新規取引先の開拓」や「IOT（モノのインターネット）関連の製品開発」を掲げて、取り組みを進めてきました。しかし、予算や人材も限られる中、新規開拓も製品開発も思うようには進まず、経営計画は未達を繰り返していました。

現場の多くの社員は、基本的にP社との関係をいかに継続発展させるかが人事評価にも影響を与えるため、常にP社との関係には気を使っていました。

また3年ごとの経営計画は、数値目標だけがブレイクダウンされるものの、基本的には天下り社長がP社に形式的に提出しているだけのものと捉え、現場では「自分には関係ない」という認識をしていたのです。

B社の社長は経営計画を根本から見直すために、あらためて事業部長に対し、どうすれば新規取引先の開拓や製品開発をもっと早く進められるのか、具体策を検討するよう指示しました。

ところが事業部長が検討した具体案を見ると

「専門の人材を外部から新規採用する」

「マーケティング部門を新たに立ち上げる」

「コンサルティング会社に相談してみる」

と、「自分たちで何かをする」という意気込みはなく、どこか他人ゴトのような案ばかりが出てきました。そして社長が具体案に対して「自分たちとしてやるべきことはないのか」と難色を示すと

「事業部は慢性的に人が足りない、P社から出向社員を増やしてはどうか」

「P社のマーケティング部門に知人がいるので相談してみるのはどうか」

「取引先の新規開拓は簡単なことではない、IOTは競合が多く競争が厳しい」

と相変わらず言い訳や他人ゴトばかりで、経営陣としての自覚がほとんどないと社長は感じていたのです。

経営計画についての説明会

「このままでは経営計画は進まない」——。そう考えた社長は解決策を探る中でカスケードダウンという企業変革の手法をみつけ、実行に移したのです。

カスケードダウンでは、組織の上位層から下位層まで、経営戦略を背景やデータなどのストーリーと併せて伝えて、個々の行動目標に細分化していきます。

まずは「経営計画についての説明会」を開き、その後に「経営計画の細分化」の取り組みを進めていきました。

「経営計画についての説明会」では、全管理職と中堅社員を集め、なるべく多く対話ができるよう、半日を確保しました。そして、社長がメインで説明し、社長と社員との間のファシリテーター役を経営企画部長が務めました。

社長はB社の経営計画を説明する前に、まずはP社の業績から話を始めました。P社を取り巻く大変厳しい経営環境、そして悪化を続けた過去5年間の各事業の状況、売上利益、財務状況の推移、そして引き続き低迷が想定されるP社の業績予測についてです。

その上で、P社の今後の事業撤退を予測しながら、B社の経営状況と今後5年間の売上利益のシミュレーションを説明したのです。

シミュレーションの結果は大変厳しいもので、このまま何もしなければ2年後には売り上げが10％減少し、5年後には最悪の場合30％以上減少する可能性を示していました。

売り上げの3分の1がなくなるという予測は、社員にとっても初耳であり、非常に衝撃的な内容でした。

ここまで厳しい話をしてもなお社員には、「そうは言ってもP社がB社を見捨てることはない、何らかの形で救済してくれるだろう」という甘えの意識があることを社長は見越していました。だからこそ「経費削減に向けて人員削減や本社の移転も検討しなければならない」「このままでは出向社員はP社には戻れない可能性がある」という社員にとって大変厳しい話を続けたのです。

経営状況についての説明が終わり、経営企画部長が「ここまでで社長に質問はありませんか」と投げかけると、大会議室は緊張感で静まり返りました。とても社員側から質問できるような雰囲気ではなかったため、社長自身が何人かを指名し、内容についてどう感じたか、意見を集めました。

　すると意外にも社員は内容を冷静に受け止めていて、

「こういう説明の場がこれまではなかった、情報をオープンにしてもらって良かった」

「社長の話を聞く限り、これ以上P社に頼るのは止めた方が良いと感じた」

「会社のことをこれほど真剣に考えたことはなかった、何となく目線が上がった」

「これからB社はどうすべきか、社長の考えを聞きたい」

　といった声が上がったのです。

　中堅層の中でも若手の社員からは、

「厳しい状況は良く理解できたので、自分として何ができるのか考えたい」

　といった前向きな意見が出てきました。聞いていた大半の社員も「自分も同じだ」と言わんばかりに、首を縦に振りながらうなずいていました。

　そして社長は、これからのB社が目指す経営戦略について説明を始めたのです。

　最初に発したのは「自立経営を目指す」というメッセージでした。

「このままP社に依存していく」か、それとも「P社に頼らない自立経営を目指す」か。どちらもB社にとってはいばらの道でしたが、その選択肢の中で、社長は「自立する」ことを明確に示したのです。その上で、自立するためにはこれまで経営計画に掲げてきた「新規取引先の開拓」や「IOT関連の製品開発」に一層の注力が必要であることを強調しました。

「自立経営」という言葉を聞いた社員の反応は大きく二分しました。

少し明るい表情を見せたのは比較的若手の中堅クラスの社員です。P社に頼らない事業を構築するのは容易ではありませんが、長い目で見れば、自立した方が自分たちの可能性が拡がるかもしれないという期待感を感じ取ったのです。

一方、険しい表情をしていたのが古参の年配社員でした。

リーダー格のある社員が手を挙げ、話を始めました。「P社の事業規模は縮小するかもしれないが、P社関連でB社が受注を取りこぼしている案件がまだまだある。今後はP社のニーズに合う製品開発をもっと進め、P社の案件を100%受注することを目指せば、B社も売り上げを維持できるのでは」と社長に進言したのです。

これに対し社長は「自分はP社の役員を経験しており、P社の決して良いとは言えない経営実態を良く理解している。それを踏まえると、このままではP社とB社はいずれ共倒れになる」と苦しい内情を明かしました。

古参社員は何も言えず、それ以上意見することはありませんでした。

その後も経営戦略に関する質疑応答は一時間以上続き、社長が質問に対して包み隠さずすべてをオープンにしていった結果、経営戦略に対する社員の理解と納得感はこれまでにないほど高まっていきました。

説明会の最後に社長は、「自立経営を実現するためには、全社員が経営に参加し、自分が何をやるべきかを考え、今の行動を変えることが必要」ということを伝え、後日、各部門や現場で経営計画の細分化の議論を進めることを指示して説明会を終えたのです。

自分ゴトとして経営計画の細分化を実行する

「経営計画の細分化」の取り組みは、説明会に参加した各事業部の管理職や中堅リーダーを中心に横断的にメンバーを構成し、数チームに分けて実施しました。あえて事業部長から始めなかったのは、社長が改革への反応の鈍さを感じ取っていたからです。

議論の中心は、説明会で話し合ったB社が目指す方向性を確認することと、経営計画の達成に向けた戦略をもとに「自分たちが何を目指し、何をすべきか」を考えることです。

ところが、いざ「自分たちが何をすべきか」を議論し始めると、どのチームもすぐには意見やアイデアが出てきませんでした。

そこであるチームでは「すでに設定されている目標管理の内容を精査することから始めてみよう」ということで、サーバーに格納してある各部門のデータを、その場でプロジェクターを使って共有し始めました。しばらくデータを眺めていて、メンバーの誰もが違和感を持ったのが「開発期間」の長さでした。

製品による違いはあるものの、長いものでは3年という期間が目標に設定されていました。この3年という期間に対して、「これからB社が自立経営を目指すのであれば、あまりにスピード感がなさすぎる、せめて1年に短縮すべきだ」という意見が多く出たのです。

ただ問題は、「少ない開発リソースでどうやって期間を短縮するのか」ということでした。

あらためて各部門のリソース状況について意見を交わすと、部門によってギリギリのところと、そこそこ余裕があるところなど、最適化の余地があることがわかってきました。そこでチームは、「部門間リソースの柔軟な最適化」という取り組みを解決すべきテーマとして設定したのです。

また別のチームでは、「デジタル人材が足りない」という課題が浮かび上がってきました。

特に、IOT関連の通信やネットワークのわかるエンジニアが少ないことは致命的でした。誰もが、いずれＩＯＴ関連の知識が必要になることはわかっていました。しかし、Ｐ社の要求に迅速かつ丁寧に対応するかが最優先で、他のことに頭が回らなかったのです。

事の重大さに気づいたメンバーですが、エンジニアの新規採用は予算的に難しいことから、「現状のリソースの中で何とかするしかない」という結論に至りました。

するとあるメンバーが思い出したように声を上げました。

「そういえばＰ社に関連会社向けのＩＴスキル研修があったはず」と。

以前からＰ社は、関連会社の社員にデジタルスキルを身につけさせることが自社のメリットにもつながるとして、Ｂ社の社員に研修参加を呼びかけていました。ところが、受講を希望する社員はほとんどおらず、Ｂ社の人材育成担当者も「良い仕組みがあるのに、なぜ社員は受講しないのか」と困っていました。

かつては見向きもされなかったＰ社の研修ですが、今回のカスケードダウンの議論を通じて、多くの担当者がデジタルスキルの習得に向けて自ら主体的に学ぶ流れになったのです。

さらにまた別のチームでは、新規取引先の開拓について議論しました。

これまでのB社の新規営業は社内でほとんど注目されず、他部門との交流も皆無でした。新規営業の担当者にとって他部門は非常に敷居の高い近寄りがたい存在だったのです。そんな中、新規営業部のグループ長が恐る恐る自部門の実態を語り始めました。

「部内に製品知識に詳しい人がおらず、新規先に行っても製品の特徴や強みについて説明できない。技術的な質問を受けてもその場で答えられず、案件がなかなか取れない」といった切実な悩みを打ち明けたのです。

すると開発のメンバーからは「なぜ開発に相談してくれなかったのか」や「自分たちが敷居を高くしていたのではないか」などの声が上がりました。そして、今後は営業と開発の合同勉強会を増やすことや、同行訪問による営業推進を検討することを決めたのです。

以上のように経営計画の細分化の議論を通じて、トップが目指す「自立経営」に向けて「開発期間の短縮」「リソースの最適化」「デジタル人材の確保」「P社の研修活用」など数々の具体的な課題解決テーマが設定されていきました。

現場で起きた問題をていねいに解決する

各チームが設定したテーマは、メンバーが所属する部門に持ち帰られ、部門長との協議の上、最終テーマが決まりました。続いて現場のスタッフを参加させながら各テーマの具体策の検討が始められるのですが、ここで一つ大きな問題が起きました。

B社のいくつかの部門では、派遣社員の比率が高く、取り組みを進める上では派遣社員の協力が不可欠となっていました。ところが、派遣契約上、取り組みへの参加を強制できないことが判明しました。そこで人事部と協議した結果、あくまで本人の任意であれば参加は大丈夫ということになったのです。

そして、カスケードダウンの取り組みが始まりました。現場のリーダーから、現場社員や派遣社員に、P社の経営状況、B社の方針や戦略について説明を行い、今回の改革について理解を求めました。

改革に伴って、一部、正社員の業務を派遣社員に移すことになりました。ところが一部のリーダー格の派遣社員から猛反発が起こります。「ただでさえ安い時給なのに、正社員がやるべき仕事を派遣社員にやらせるのはおかしい」というわけです。あくまで参加は任意であることを強調しているにもかかわらず、日頃から溜まっていた不満が爆発し、過剰に反応してしまったのです。

当初参加に手を挙げてくれた派遣社員は3割程度。一方、参加を拒否した人に理由を聞くと、「本当は参加したいけれど家庭や個人の事情がある」「取り組みに反発しているリーダー格の派遣社員との人間関係に配慮した」などが原因であることがわかりました。

そこで、一人ひとりの事情に配慮しながら、会社としてできることは可能な限り対応していきました。すでに手を挙げていた派遣社員が、参加を迷っている人に熱心に呼び掛けたこともあり、最終的には6割以上の派遣社員が取り組みに協力してくれるようになったのです。

最後まで変わらない人たち

ミドル管理職や中堅社員を中心に、多くの社員が取り組みをスタートさせ、順調に進んだB社ですが、最後まで行動を変えなかった人たちがいました。

それが事業部長層です。

社長は何度か事業部長らを会議室に呼び、ほとんど叱責に近い形で彼らの行動変革を促しました。それでも当事者として自ら積極的に関わろうという姿勢を見せません。

「本来自分たちがリードしてやるべき取り組みを社長一人が強力に推し進めたことが面白くなかった」

「度重なる社長からの責任追求」

「いずれはP社に戻るつもりでいた自身の人生設計が大きく狂わされた」


こういったことが、彼らの意欲を削いでしまったと社長は推測しています。

社長としては、現場の取り組みを彼らが邪魔さえしなければ、ここは割り切るしかないと判断し、最終的にそれ以上の説得は断念したのです。

社員の自主的な挑戦なくして成長なし

その後B社は、ミドル層が中心となって取り組みをリードしていきました。

ただし、すぐに売り上げや利益として実を結んだわけではありません。試行錯誤と紆余曲折を繰り返しながら、改革を進めていきました。

かつて経営計画や成長戦略をつくっても、何も誰も動くことなく、業績成長への道筋が立たなかった会社が、自立経営の実現に向けてほとんどの社員が自主的に挑戦を始めたことで、成長への道筋を開くことができたのです。

取り組み開始から三年後、B社はP社の傘下を離れ、別の上場企業のグループに入ることができました。それは、カスケードダウンを実行し、短期間で積み上げた技術力や開発力が高く評価された結果でした。もし仮にP社に依存したままでいたら、買収の対象になることもなかったでしょう。そして現在、B社は新しいグループの中で、グループの営業基盤を生かしながら、さらなる成長を続けています。

第2章

「カスケードダウン」とは何か

日本企業に抜け落ちている重要なプロセス「細分化」

10年以上前、ある米国企業の日本法人から「日本人の社員にカスケードダウンをやるので、どのように進めたら良いのか提案してほしい」という相談を受けました。

私はそのとき、初めてこの「カスケードダウン」という言葉を知りました。

カスケードダウンとは、直訳すると「滝が流れ落ちる」という意味です。日本ではほとんど聞かない言葉ですが、米国企業では一般的に使われています。ビジネスでは、経営層が設定した上位レベルの方針を、上から下に滝のように下ろし、下位レベルの部や課、社員の具体的な行動計画や目標に細分化しながら落とし込むプロセスを指します。

上位方針を下位層まで落とし込むという点では、日本企業でも同様のプロセスが行われているように感じるかもしれません。しかし、このカスケードダウンには、ほとんどの日本企業に抜け落ちている重要なプロセスが含まれています。

それが「細分化」というプロセスです。

ここで行う「細分化」とは単なる定量的な目標を細分化するだけでなく、経営層が打ち出した方針を、個々の社員の職責や業務の範囲まで具体的なタスクに細分化して、現場まで落とし込んでいくプロセスです。そのプロセスを踏むことこそが、企業変革を大きく前進させて持続的成長につながっていくのです（詳細は70ページ『「細分化」が持つ重要な意味』にて説明します）。

細分化を実践する上では、まず重要なことを決めておく必要があります。それは、上位レベルのどの方針を細分化するのかという点です。

一口に、上位レベルの方針と言っても、企業によってはそれを「理念」「ミッション」「ビジョン」「バリュー」「経営戦略」など、さまざまなレベルや言い方で表現します。

いずれも企業が目指す方向性であり、社員と組織をリードしていくための大事な指針ではあるのは確かです。しかし、それぞれの持つ意義や目指すゴール、時間軸には大きな違いがあり、何を「細分化」するかで、得られる結果も大きく変わってしまいます。

では、日本企業は何を細分化すべきなのでしょうか。

図表 2-1　カスケードダウンのイメージ図

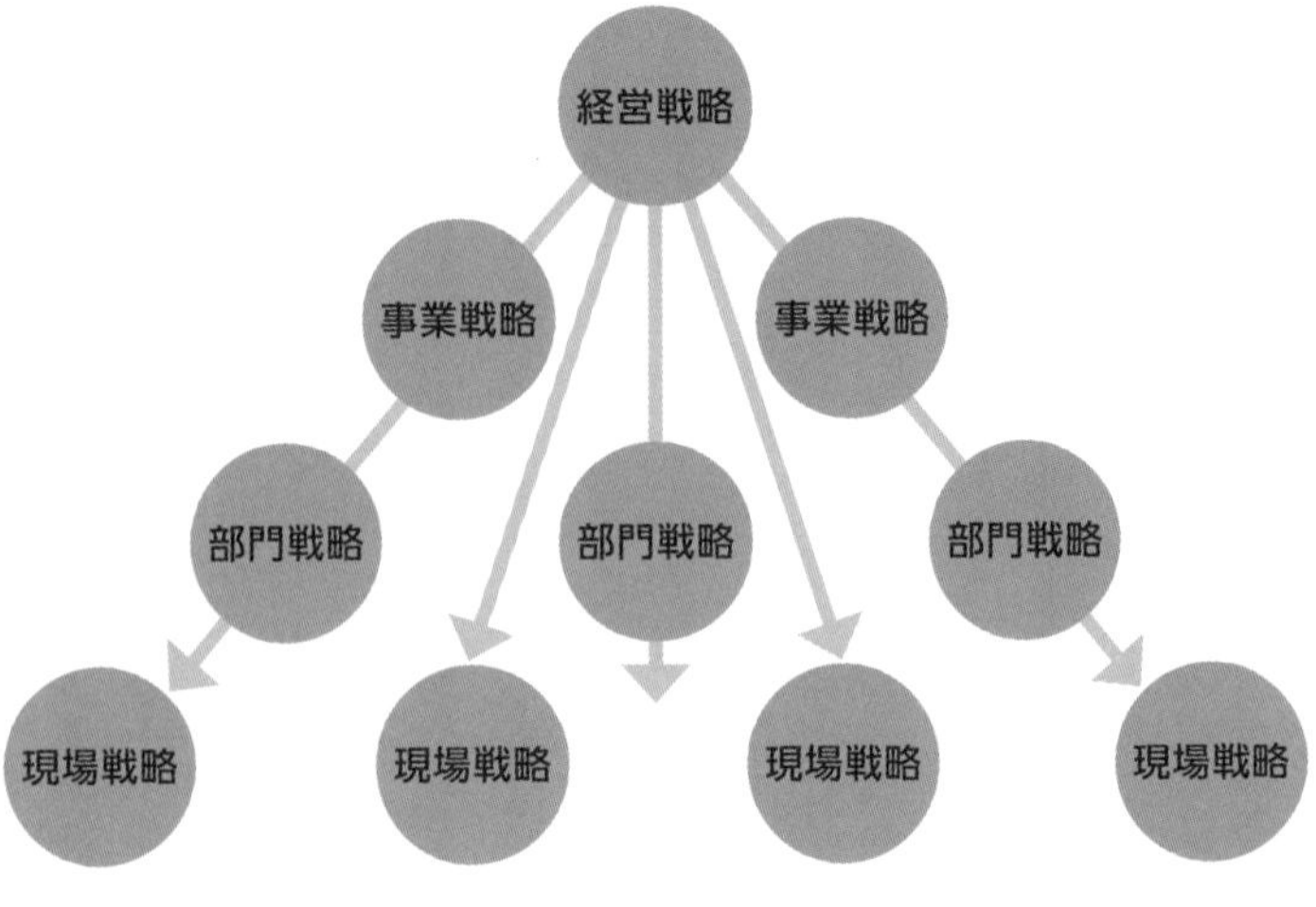

現在の日本企業に求められているのは、「企業の持続的成長に向けて、さまざまなイノベーションに挑戦し、新たな価値を生み出し、競争力を高めていく」ことです。それを「限られた時間と労力の中で、最大限効率的かつ効果的に進めていく」ことになります。

そのため、**細分化すべき対象は、今求められていることを記した上位方針、つまり、経営が策定する「経営戦略」が最も適しているる**ということになります。具体的には、中期経営計画や成長戦略、事業計画といったものです。

本書では、この「経営戦略」というものを細分化の対象とし、細分化によって社員一人ひとりの役割や課題を設定し、自ら主体的に行動を起こすまでを「経営戦略の浸透」と定義し、話を進めていきます。

近年は、パーパス経営と称して、自社の存在意義を定義し、それを組織に根付かせることの重要性が謳われるようになりました。

確かに企業が定義する自社の存在意義は重要です。しかし、実際に「存在意義の具現化」を突き詰めていくと、外部環境や内部環境、自社の強みや弱みなどをもとに、具体的な戦略テーマを決め、事業ポートフォリオや資源配分を見直し、計画や行動に落とし込んでいく必要があります。

それはつまり経営戦略を策定し、社員に浸透させ実行に移すということに他なりません。ただ存在意義だけを切り取って細分化しても、それはあまりに抽象的であり、具体的な成果につなげるには、リアルさに欠けてしまうのです。

低迷が続く企業にとって、今求められているのは成長に向けた変革を実現するための現実的で具体性を伴った取り組みであり、そのためには経営戦略を事業戦略や部門戦略、そして現場戦略へと、階層に適した形に細分化していくことが、変革を大きく前進させ、持続的成長を実現させていくことにつながるのです。

カスケードダウンが必要とされる背景

かつて世界のトップクラスであった日本経済はこの30年でその地位を下げ、今やグローバル規模で見ると「安い日本」「周回遅れの日本」「失われた30年」と揶揄されるほどに凋落してしまいました。なぜこれほど落ち込んでしまったのでしょうか。

日本は第二次世界大戦の戦後復興期、1950年代以降の高度成長期、1980年代以降のバブル期の3つの期間を経て、経済を急速に発展させてきました。

特に高度成長期には、大量生産、大量消費を背景に「とにかくモノをつくれば売れる」と言われ、自動車、電化製品、鉄鋼、石油化学など、数多くの産業が発展してきたのです。そして創業者が築き上げた盤石のビジネスモデルを踏襲することで、大きく方向性を変える必要もなく、従来のやり方を続けていれば業績向上につながっていました。

ところが、90年代に入り、状況が変わります。バブル崩壊が起きて日本経済が後退局面に入ると、経営環境は大きく悪化し、かつて急成長を遂げた多くの産業は成長期から成熟期へと移行していきました。

日増しに経営環境が悪化する中で、日本企業は「原価低減」「負債削減」「資産処分」「人件費削減」など、さまざまなコスト削

図表 2-2　成熟期へと移行した日本の経営環境

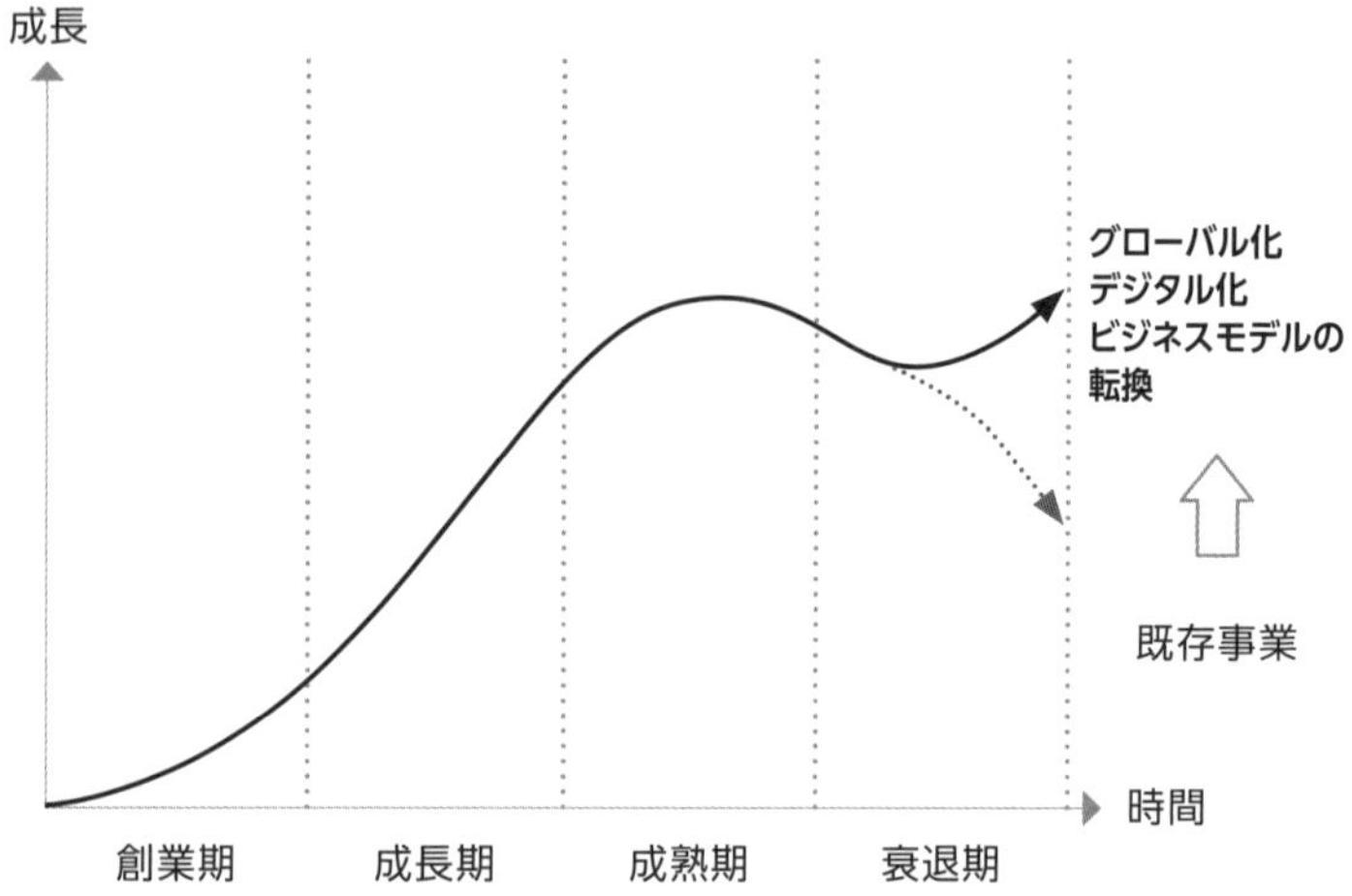

減策によって何とか利益を捻出してきました。一方、２０００年以降に急速に進んだグローバル化やデジタル化といった事業環境の変化の中で、既存のビジネスモデルからの転換が図れず、事業構造改革は大きく遅れを取ってしまいました。そして今、多くの産業が衰退の危機にさらされるようになってしまったのです。

なぜ日本企業は、２０００年以降の急速な変化に対応できなかったのでしょうか。バブル崩壊から今日に至るまでの30年間、いったい何をやっていたのでしょうか。

何もやってこなかったわけではありません。この30年間を振り返ると、ほとんどの日本企業は変化に対応するためにさまざまな取り組みを行ってきました。

中期経営計画や成長戦略といった経営方針の策定に始まり、グローバル化やＩＴ化、新規ビジネスの開発、事業構造の転換といった課題への取り組み、そして、業務改革、組織改革、人材育成などのさまざまな改革に取り組んできました。

このようにして、現場では、限られた時間と労力の中で、日常業務と併せてさまざまな経営施策に取り組み、長時間労働にも耐えながらも真面目に仕事をしてきたのです。

しかし努力やがんばりもむなしく、期待通りの結果を残すことはまれです。

なぜ、さまざまな取り組みは、功を奏しないのでしょうか？

ここであらためて「企業を成長させる」とはどういうことなのかを考えてみます。

企業を成長させるためには、**「経営者が成長に向けた経営戦略をつくり、それをすべての社員がしっかりと理解し、経営戦略を実現するための社員一人ひとりの新たな目的や役割、課題を設定し、結果が出るまでＰＤＣＡを繰り返す」**ということが必要です。

当たり前のことなのですが、その当たり前のことが長年に渡りできていなかったために、社員はいつまで経っても「既存の仕事」から「成長に向けた仕事」への転換を図ることができなかったのです。このことなしに小手先の改革や人材への投資を行っても何ら成長にはつながりません。

この「当たり前を当たり前にやる」ことこそが、まさにカスケードダウンの要諦であり、多くの日本企業が失われた30年から脱け出すための解決策となるのです。

カスケードダウンは「人が中心」の経営

「企業は人なり」「人の成長が企業を成長させる」「人材こそが競争力の源泉である」

これまで多くの企業が、「人を大切にする経営」をスローガンとして掲げ、実践してきました。また現在では、人を資本と捉え、その価値を高めることが企業価値の向上につながるという「人的資本経営」の考え方にも注目が集まり、各企業は取り組みを始めています。

しかし「人を大切にする経営」を掲げているにもかかわらず、現場では「働きがいやモチベーションの低下」「若手や優秀社員の離職の増加」が起きており、決してうまくいっているとは言えない状況にあります。

なぜ、うまくいかないのでしょうか。

「人材を大切にする」を標榜している企業では、「現場の意見を経営に反映させる」「労働条件や人事制度を見直す」「副業やリモートワークを推進する」「働きやすい職場環境を整える」といった施策を実践しています。

しかし、これらは単に**「人を大切に扱っている」というだけであって「人を中心に経営をしている」とは言えません。**

図表2-3は、多くの企業が一般的に実践しているマネジメントの流れをイメージしたものです。

まず経営が経営戦略を策定し、それを実現するために関係各部に指示し、業務改革や人材育成、デジタル化などの施策を検討します。そして関係各部で決定した施策を今度は現場に落とし込み、実行に移していきます。これが一般的なマネジメントの流れです。

マネジメントの流れを「目的」「社員(=人)」「手段」という3つの要素に置き換えると、本来、「社員」は、経営戦略という「目

図表 2-3　マネジメントの流れ

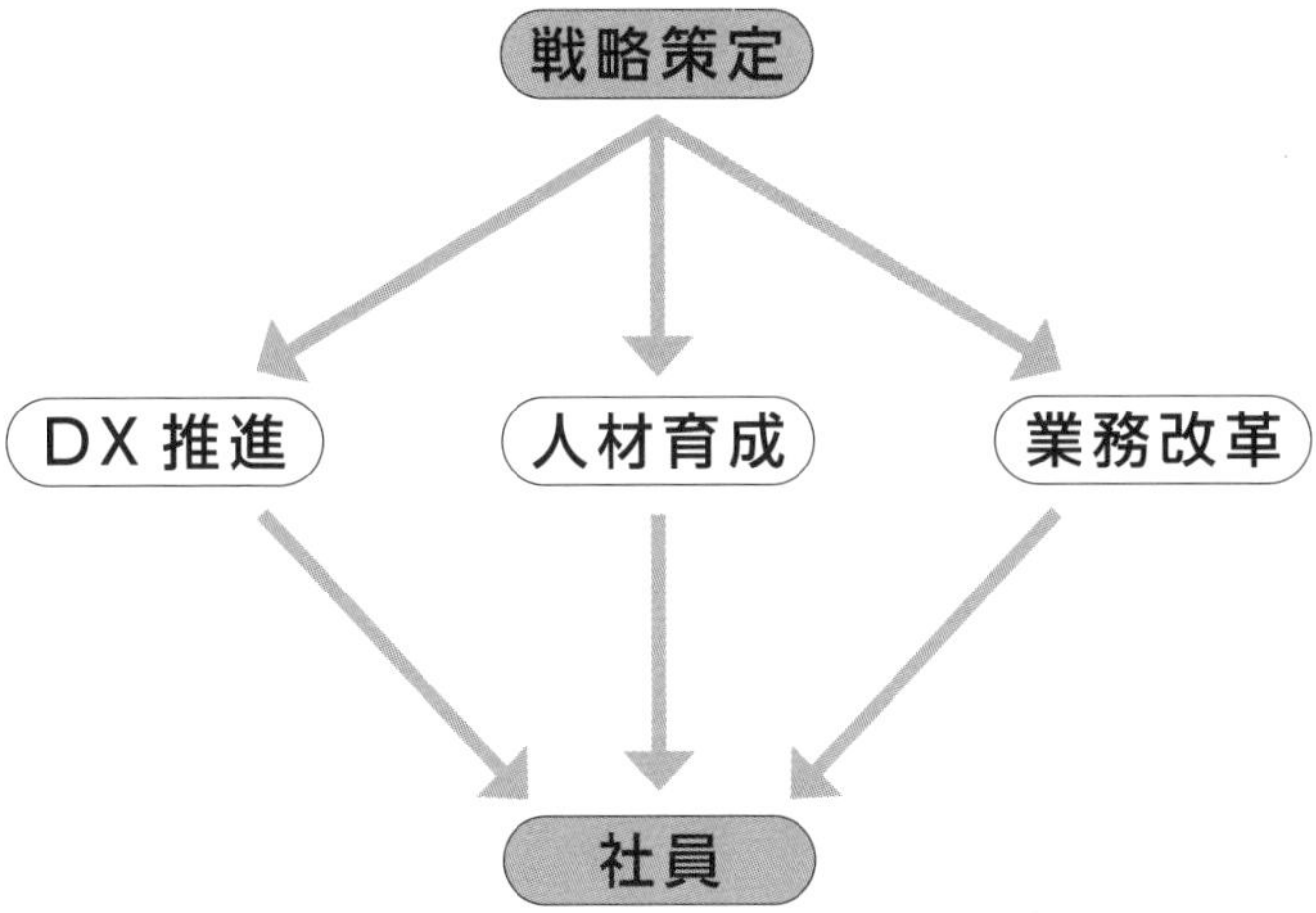

的」と業務改革などの「手段」との中間に位置していなければなりません。**「社員」は「目的」と「手段」をつなぐ主体**だからです。

しかし、**図表2-3**のマネジメントの流れを見ると、「社員」は、戦略策定や業務改革などの取り組みのいちばん下に位置付けられていることがわかります。

では、社員が手段の下にいると、何が問題になるのでしょうか。

コンサルティングをしていて、しばしば遭遇するのが次のような問題です。

図表 2-4　一般的なマネジメントの流れに見る「社員（=人）」の位置づけ

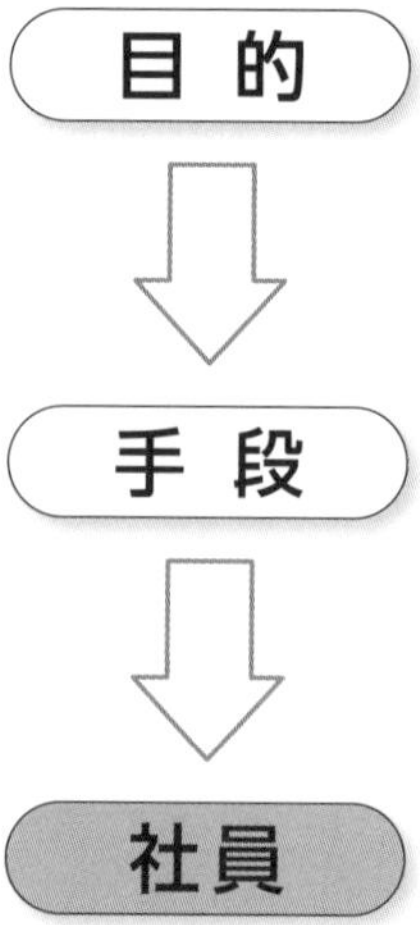

「業務改革が形骸化している」
「研修を導入したが人が育たない」
「デジタル化の取り組みが進まない」

実は、こういった問題の背景にあるのが、「目的」「社員」「手段」の関係なのです。社員がいちばん下に位置していると、現場では「業務改革」「研修」「デジタル化」といった施策が、「目的」なのか「手段」なのかわからず、ただ単に「上から言われたからやる」という状態になってしまいがちです。その結果、本来「手段」であるべきものが、現場にとっては「上から言われたからこなす『目的』」となります。いわゆる「手段の目的化」を招くことになるのです。

「手段の目的化」が起こると、本来経営が目指している「目的」と切り離されてしまうため、いくら言われた通りにがんばっても、経営が期待する成果には到達しません。やがて現場には「どうせやっても無駄」「いくらがんばっても報われない」といった、諦めムードが広がっていきます。それがモチベーションの低下や離職者の増加という悪い結果にもつながっていくのです。

このようなマネジメントスタイルに対し、カスケードダウンは**図表2-5**のように、「目的」と「手段」の中心に「社員」を置くマネジメントとなります。

まず社員を中心に位置付け、「目的」である経営戦略を社員に理解してもらいます。そしてその**「目的」を実現するために何をすべきか、「手段」を社員が自分で考え、選択していきます。**

社員自身が「目的」と「手段」を結びつける主体となることで、**経営への参画意識や経営戦略への当事者意識の醸成にもつな**

図表 2-5　カスケードダウンのマネジメントスタイル

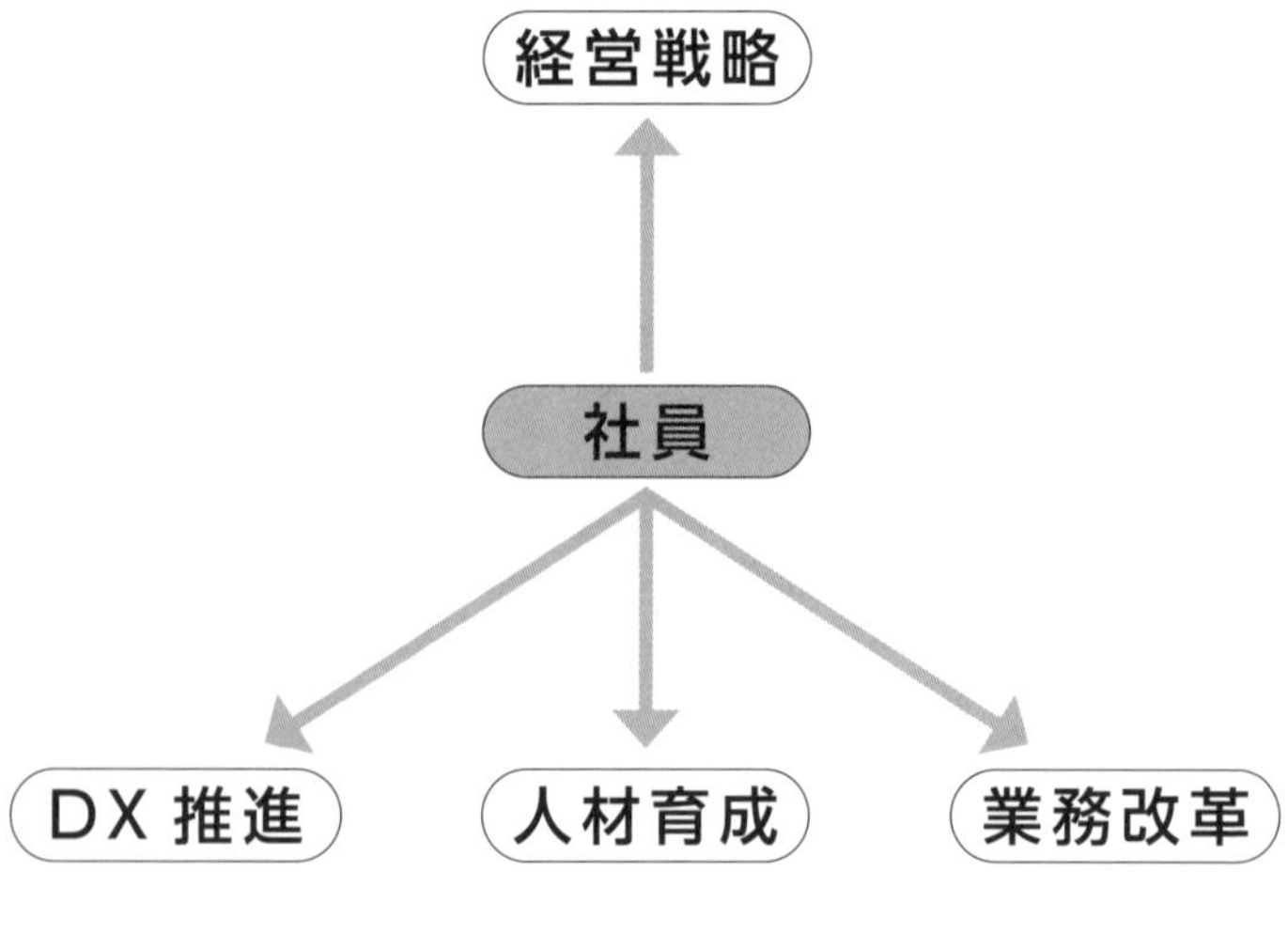

がり、結果、主体的な実行を生出し、さらにモチベーションや働きがいの向上につながっていくのです。

カスケードダウンは「何を伝えるか」で結果が決まる

カスケードダウンは人＝「社員」が中心の経営であるということ、そしてそれを実践する上で、まず経営戦略という「目的」をしっかりと伝え、理解する必要があることを前節でお伝えしました。

この話をすると、必ず経営者からは「うちの会社では経営戦略を伝えているが、社員の意識がどうも変わらない」という意見が出てきます。

そして、社員の意識が変わらないのは、そもそも「危機感がない」「経営方針に関心がない」「社員に主体性が欠けている」といった悲観的な見方が出てくるのです。

では現場で働く社員の意識はどうなのでしょうか。

実際に話を聞いてみると、次のようなことがわかってきます。

「会社の方向性や将来にとても不安を感じている」

「もっと新しい事業や商品サービスに挑戦すべきだ」

「うちの会社は経営も現場も変わらなければならない」

実は、誰もが危機感や経営への関心を持っているのです。

さらに、「主体性」については、

「自分は自分のやるべき仕事について責任をもってやっているつもりだ」

「主体性が大切なことくらいわかっている。それを邪魔しているのは経営側だ」

といった意見が返ってきます。

経営と現場の双方の意見を聞くと、経営から見ている社員の意識と、実際の社員の意識には、大きなズレが生じていることがわかります。

なぜ経営方針を伝えているにもかかわらず、意識に大きなズレが生じるのでしょうか。

ここで重要なのが、**経営は社員に「何を伝えているのか」**です。伝えている内容によって、社員の意識は大きく変わってくるのです。

「対岸の火事」という言葉があります。「向こう岸の火事は、自分に災いをもたらす心配がないので自分は行動を起こす必要がない」という意味のことわざです。

これを企業経営に置き換えると、多くの社員は、確かに火事が起きていること自体は理解しており、危機感や問題意識も持っています。ところが、それはあくまで「経営」という対岸で起きている火事としか捉えておらず「自分ではどうしようもない」

「自分には関係がない」という捉え方をしているのです。

一方、経営者は日々現場から上がってくる「競合先に負けた」「他社の商品が売れている」「開発が遅れている」などの報告を前に、目の前で火事が起きているにもかかわらず行動を起こさない社員を見て「危機感がない」「主体性がない」と感じています。

では社員に、「火事は対岸ではなく目の前で起きている」と理解してもらうにはどうすれば良いのでしょうか。

この問題の解決自体はそれほど難しいことではありません。経営者が社員に「火事は目の前で起きている」という事実をありのまま伝えれば良いのです。

詳細は第4章で説明しますが、例えば「市場環境や競合先の動向」「自社が抱える各事業の状況」「売上利益や財務状況」を基本として、「他社にコンペで負けた」ことや「自社のシェアが○○％減少している」ことなど、経営者が「火事は目の前で起きている」と判断している情報をすべて提供すればいいのです。

危機感が伝わる情報を得た現場は「なぜあの経営方針なのか、その理由がわかった」「自分は会社全体のことが見えていなかった」「こういう経営の情報をもっと知りたかった」という反応を示します。それが、「目の前の火を消さなければならない」という社員の当事者意識を醸成し、行動を起こすきっかけとなるのです。

多くの会社はひととおり経営方針に関する情報を伝えてはいます。しかし、経営方針に書かれた内容をそのまま見せているだけ、ということはないでしょうか。ほとんどの会社で、「なぜその結論に至ったのか」「その方針の背景にあるのは何か」をわかりやすく伝えることができていないのです。結果、社員にとって火事は対岸で起きていることとなり、経営と現場の目線は合わないまま意識のズレを引き起こしてしまうのです。

カスケードダウンを実践する上では、**経営方針だけでなく、経営者が危機と感じる情報を十分に伝えていくことが重要**です。経営の目線と現場の認識は一致し、行動を変えるきっかけとなります。

「細分化」が持つ重要な意味

カスケードダウンは、社員に経営戦略を十分に理解してもらうことで、変革に向けた社員の行動変容を引き起こしていくわけですが、具体的に何をすれば良いのかわからなければ、社員は動けません。そこで次に必要になるのが「経営戦略の細分化」となります。この「細分化」には、単に具体的な行動を見つけること以外にもとても重要な意味があるのです。

そのことを理解するために、まずは「カスケードダウン」と近い意味を持つ「トップダウン」や「ブレイクダウン」というマネジメントスタイルについて説明していきます。

「トップダウン」

トップダウンは経営戦略で取り組む具体的な課題を、上位層から下位層に向けて指示命令として伝え、実行させていくスタイルです。このスタイルは意思決定や実行を「時間をかけず速やかに進める」という意味では利点がありますが、一方で指示命令を受けた社員が、なぜその指示命令なのか、指示命令の背景には何があるのかを理解しなければ、ただ言われたことをこなすだけの「指示待ち社員」となり、次第に自分の頭で考えることをやめ、主体性や当事者意識も失っていきます。

組織の中に「指示待ち社員」が増えていくと、経営者がすべてを指示しなければ経営が回らなくなると同時に、いざ指示を出す経営者がいなくなると、誰一人リーダーシップを取れる人材がいなくなっていきます。トップダウンは経営者にとって、進めやすいマネジメントスタイルですが、長期的に見ればきわめて不効率なマネジメントとなるリスクを秘めています。

「ブレイクダウン」

ブレイクダウンは、経営戦略を各事業、各部門の組織の縦の方向に細分化し、現場まで落とし込んでいくスタイルです。一見すると特に問題はないように見えますが、この縦割り型の細分化は組織間で問題を起こすことがあります。

よくある話ですが、目標などを縦方向に落とし込むと、各部門がライバル関係となり、予算や人手などのリソースの奪い合いや駆け引きが起きがちです。一部の部門が先に目標を達成しても、未達の部門にリソースを融通することはしません。会社全体から見ると部分最適にもつながり、きわめて効率の悪い経営となります。

また多くのブレイクダウンは数値目標だけが

図表 2-6　日本企業におけるそれぞれの実際の運用実態

トップダウン	経営戦略やその背景を伝えず、直接社員に個別具体的な指示命令を出す
ブレイクダウン	経営戦略を基に上位層が各部署、各担当ごとの役割を決め、縦割りで細分化する
カスケードダウン	経営戦略を基に各階層が横同士ですり合わせと最適化を図りながら細分化する

細分化され、経営戦略を実現するための具体的な課題にまで落とし込まれていません。その結果、現場は数値目標だけを負う形になってしまうのです。

以上を踏まえ重要になってくるのが、カスケードダウンによる**「横のすり合わせの細分化」**です。

「カスケードダウン」

カスケードダウンでは、経営戦略を上位層から下位層まで細分化していくプロセスの中に、「横のすり合わせ」を入れていきます。**部門間や社員間で同じ目的を共有し、横のすり合わせを行いながら戦略を細分化していくことで、互いの協力関係を築くとともに、目標や課題を全体最適化することができる**のです。そのことが無駄な争いや調整をなくし、さらにどちらかが困ったときは助け合おうとする組織風土にもつながっていきます。

これがブレイクダウンにはない、カスケードダウンの特徴です。

地方銀行でのカスケードダウンの事例です。この銀行では本社が主導して各支店の顧客数や社員数に応じた目標を割り振っていました。しかし、各支店の営業エリアの実情を見ると、顧客数や配属社員数では計れないマーケットごとの特徴がありました。

ある店舗では昔からの商店街が後継者難などでシャッター街になった一方で、別の店舗では住宅地が開発され、若い世代の人口が増えていました。前例を踏襲した目標と実態が合っていなかったのです。実態が変われば、目標数値の規模や注力する商品も変わっていくべきです。

そこで、支店長が集まり、各支店の目標について、マーケットの実情に合わせながら横同士ですり合わせ調整を行いました。本社から降りてきた目標を、全体最適となるように細分化していったのです。これによって各支店はマーケットの実情に合った数値目標や注力商品を設定することができ、全社として効率的に営業展開が図れるようになりました。

以上のようにカスケードダウンでは、経営戦略のブレイクダウンによる縦方向での細分化だけでなく、横のすり合わせを入れながら細分化を行っていきます。結果として、組織内では自然と協力関係が築かれ、全体最適化された形で、それぞれの目的、役割、課題を設定することが可能になるのです。

カスケードダウンがもたらす5つのメリット

前節まで、「カスケードダウンとは何か」「どういう特徴があるのか」を説明してきました。本節では、これまでのまとめとして、カスケードダウンを実践すると、どのような効果があるのか、5つのメリットに分けて説明して行きます。

メリット① 経営戦略が実行につながる

企業はこれまで、自社の持続的成長に向けて経営戦略をつくり、それを社内に伝え、行動に移すようメッセージを発信してきました。しかしその結果を見ると、経営戦略は期待通りには実行されず、多くはつくっただけで終わっていました。

失敗の背景にあるのは、経営戦略に書かれている内容は伝わるものの、なぜその戦略なのか、具体的な根拠や背景が伝わっていなかったことです。多くの社員にとって、経営戦略は他人ゴトとなり、行動はほとんど変わらなかったのです。

カスケードダウンでは**経営戦略について、その背景や根拠をストーリーで現場に伝えていきます**。情報を伝えながら社員一人ひとりの目的や課題、役割に細分化し明確化していくことで、経営戦略が〝腹落ち〟した社員の主体的な実行が生み出されるようになります。それが業績向上につながるようになるのです。

メリット② 手段が手段として機能する

企業が推進するさまざまな改革や仕組み、システム、あるいは企業が保有する有形無形の資産は、基本的にすべて企業が目指す目的を実現するための手段となります。

ところが多くの企業では、手段の使い手である社員が、企業が目指す目的を理解していないために、手段自体が目的化していています。本来の目的を理解しないまま、いくら新たな手段を講じても、企業が目指す目的は永遠に実現されないのです。

カスケードダウンでは、**手段の先にある会社が目指す目的を社員に十分に浸透させていきます**。それにより、社員は手段を経営の目的を実現するための手段として活用し始め、手段が本来の機能を発揮するようになります。

図表 2-7　カスケードダウン 5つのメリット

1. 経営戦略が実行につながる
2. 手段が手段として機能する
3. 組織がまとまり活性化する
4. 社員自ら主体的に学び育つ
5. 無駄な取り組みが不要となる

メリット③ 組織がまとまり活性化する

今、多くの日本企業の職場では閉塞感やさまざまな組織の壁によって、コミュニケーションや意思疎通が滞り、ミスやトラブル、意思決定の遅延といった問題につながっています。こういった問題に対しては、組織の活性化策としてコミュニケーション研修や対話の場を設けるなどして改善を図ろうとしてきました。

しかし本当に重要なのはコミュニケーションそれ自体ではなく、対話で話す内容にあります。それが問題解決や業績向上につながっていくのです。

カスケードダウンでは、**対話を通して会社が何を目指すのかを全社員で共有し、経営から現場までの目線を合わせていきます**。目指す目標の達成に向けて、社員それぞれの目的や役割、課題を議論し、互いに協力しながら進めていくことで、徐々に活気を取り戻し、一体感も醸成されるようになります。

メリット④ 社員自ら主体的に学び育つ

多くの企業が人材不足や労働生産性の低下という問題を抱える中、その解決策として さまざまな人材育成の仕組みや制度を取り入れてきました。一方で、「社員がやらされ感で研修を受ける」や「学んだことが業務に結びつかない」などの理由で思うように人材が育っていないことが問題となっています。

カスケードダウンでは経営戦略の細分化を通して、社員一人ひとりに新たな目的や役割、課題を持たせていきます。そして、その**新たな目的や役割、課題を持つことで、社員は自ら学ぼうとする意識に変わり、社内の育成の仕組みや研修を活用するようになります**。さらに、細分化された自分の課題に取り組むことでＯＪＴ（オン・ザ・ジョブ・トレーニング）が実践され、経験の中から自然と成長します。具体的な成果が出始めると、働きがいやモチベーションの向上にもつながっていきます。

メリット⑤ 無駄な取り組みが不要となる

これまで企業は経営課題の解決に向けてさまざまなマネジメント手法や課題解決

ツール、仕組みや制度を手段として導入してきました。しかし、何のための手段なのかが見えていなかったために、手段が機能や効果を発揮することなく、無駄にしてきました。

カスケードダウンでは人が中心の経営を実践することで、社員が経営の明確な目的を理解します。その目的を実現するための手段として、さまざまな制度やツールを主体的に活用し始めることで本来の機能や効果を取り戻します。一方で、手段として不要なものは削減の対象となります。**不要なものを思い切って削減することで、無駄に費やしていた膨大な時間と労力を減らすことができ、大幅な業務の効率化を実現できます。**

以上5つのメリットが示す通り、これまで企業が抱えていたさまざまな課題は「目的」「社員」「手段」をつなぐ**カスケードダウンの取り組みによってすべてが同時に解決**に向かっていきます。

第3章 カスケードダウンの進め方

経営戦略の細分化に向けた3つのステップ

第3章ではカスケードダウンの具体的な進め方について説明していきます。カスケードダウンとは**図表3-1**が示す通り、「社員＝人」を中心に「経営戦略＝目的」と「日常業務＝手段」をつなげていくプロセスです。そしてこのプロセスは、大きく分けると3つのステップに分けることができます。

STEP1 変革の火をおこす

経営者が現場に対し、経営戦略を実現するために「経営戦略を理解せよ」「経営戦略の実施に向けて自分のやるべきことを考えよ」と言って指示を出すのは簡単でしょう。

しかし、低迷する日本の多くの企業の現場では、長年に渡り変革が進まなかったため、「会社はそんな簡単には変わらない」「うちの会社は何をやっても変わらない」といった「諦め感」や「失望感」が蔓延しています。しらけたムードの中で経営が指示を出しても「また同じことを言っている」「どうせまた失敗を繰り返す」と現場は受け取るだけで、とても本気で取り組むような状況にはなっていません。

経営戦略を実現するためには、まずはこの「諦め感」や「失望感」を払拭させ、「期待」や「希望」に変えていくことが必要となります。そのため、カスケードダウンでは最初のステップとして、「変革の火をおこす」

図表 3-1　カスケードダウンのプロセス

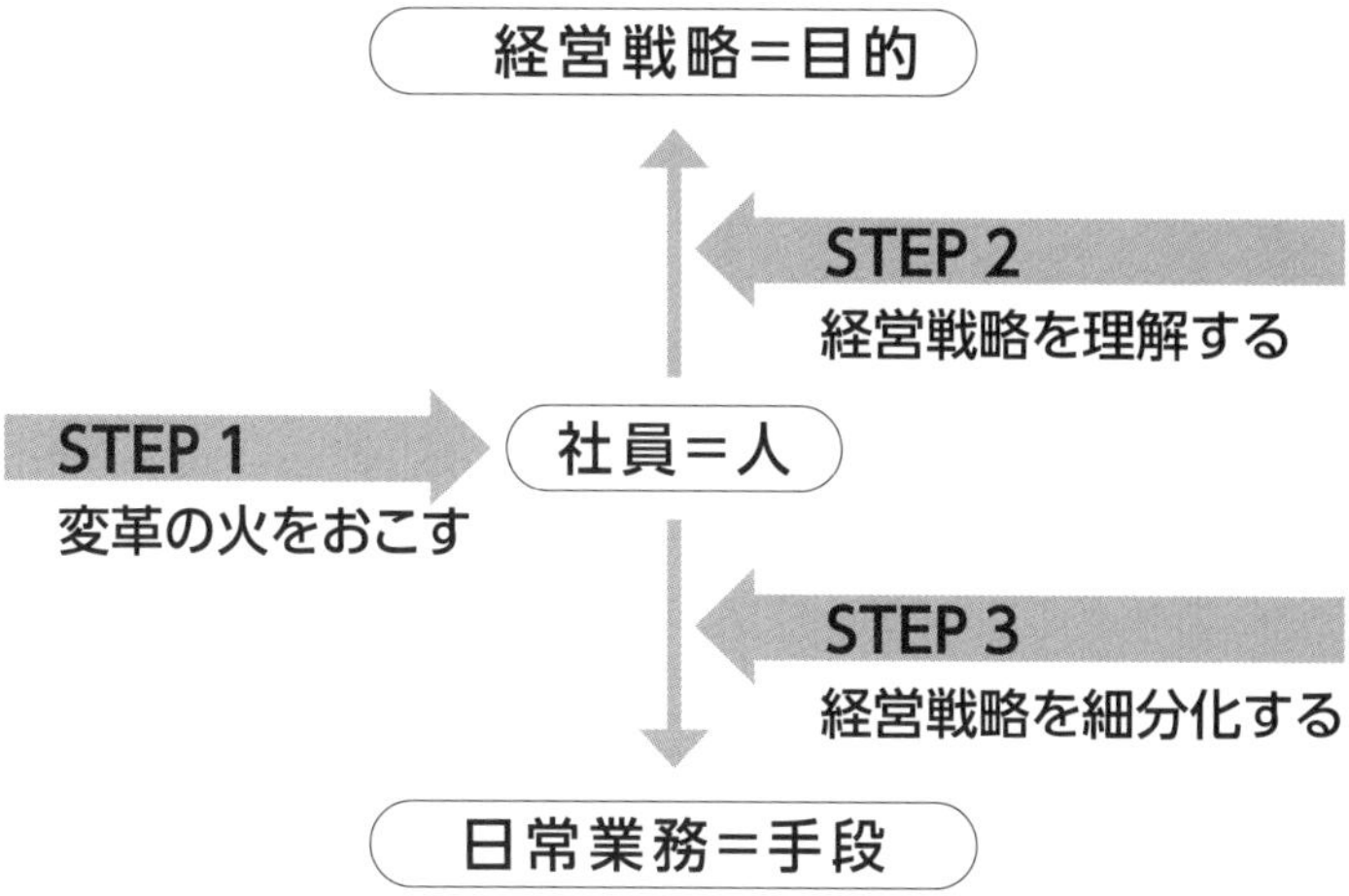

ことを行っていきます。

STEP2　経営戦略を理解する

経営が経営戦略を策定し、それを社員に伝えても、ただ単に経営戦略を「伝えた」というだけで、社員に「伝わっている状態」になってはいません。

経営戦略が「伝わっている状態」になっていなければ、それを細分化したところで、経営目線ではない、現場目線による部分最適な細分化が行われ、経営が期待する変革にはつながりません。

経営が目指す経営戦略を「伝わっている状態」にするためには、その内容を伝えるだけでなく、**背景にある根拠や意図を具体的な数字を用いるなどして、ストーリーとして、わかりやすく伝える**とともに、**十分に議論しながら、経営戦略の理解と納得を深めていく**ことが必要となります。STEP2「経営戦略を理解する」では、そのことに留意しながら経営と現場の目線を合わせていきます。

STEP3 経営戦略を細分化する

ＳＴＥＰ３ではＳＴＥＰ２で理解した経営戦略に基づき、部門あるいは個々の社員が担うべき新たな「役割」「目的」「課題」について、部門や社員の垣根を越えて、横断的に議論しながら全体最適の観点を踏まえ決めていきます。さらに、経営戦略を実現する上で「不要なものは何か」「止めるべきことは何か」についても考えていきます。

そして、日常業務を会社の成長につながる生産的な業務へと転換させ、経営戦略の実現に向けた変革へとつなげていきます。

これまで企業は、膨大な労力と時間をかけながら、さまざまなやり方で改革を進めてきました。しかし、カスケードダウンでは基本的にこの３つのステップを実践するだけで変革を大きく前進させ、企業成長への道筋をつけていくことが可能となります。

各ステップの具体的な内容については第４章から第６章で説明していきます。

カスケードダウンの推進体制

次に、カスケードダウンを社内で実践していくための推進体制について説明します。

1 推進チームの設置

カスケードダウンを実践する際には、それを進めていくための推進チームを最初に組成する必要があります。推進チームは、基本的に経営トップの直下に設置します。

カスケードダウンで重要なのは、経営が目指す経営戦略をすべての社員に理解してもらい、日常業務を会社の成長に向けて変革させていくことです。そのためには、推進チームが経営トップに近いポジションにいて、常に現場との意思疎通や情報共有を図る必要があるからです。

2 メンバー構成

推進チームのメンバーは、経営企画など経営全般に関わる部門のスタッフを中心に構成していきます。企業の一般的なプロジェクトでは、現場から集めたメンバーを中心にチームをつくりますが、カスケードダウンは経営全体に関わる取り組みです。経営戦略を実現させることが最終的な目的であることから、日頃から会社全体を俯瞰して見られるポジションで仕事をしている部門のメンバーを推進チームの中心に据える必要があるのです。そこに組織や人材に関わる課題に詳しい人事部、事業現場の状況を把握している現場メンバーが加わる形で推進チームを組成していきます。企業規模や取り組みの規模によっても異なりますが、通常、推進チームのメンバーは、数名〜十数名が参加します。

推進チームを結成したら最初に、カスケードダウンの意義や目的をメンバー全員でしっかりと共有しておく必要があります。

また、これまでは経営企画部と人事部は相容れない関係にありました。経営企画部は「戦略策定や経営計画の立案」、人事部は「社員の採用・配置・育成・労務管理」というように、それぞれ目的や立場に大きな違いがあったからです。

しかし、カスケードダウンは「経営戦略」「人」「組織」すべてを動かしていく取り組みです。経営企画部と人事部の協力は避けて通れない中、カスケードダウンの「人を中心に目的と手段をつなぐ」ことの意味をしっかりと共有し、「経営トップが何を目指すのか」について十分に共有しながら、互いの垣根を取り払って協力関係を築く必要があります。

各現場から参加する推進メンバーは、日頃から会社全体を見る立場ではありません。いきなり経営全体を理解することは高いハードルでもあります。カスケードダウンの意義や目的を共有するとともに、経営全体を見るためのさまざまな情報についてしっかりとインプットし、経営視点で見ることの意識付けを行っておく必要があります。

3 メンバー選定

会社全体のマネジメントに関わる取り組みであることから、推進メンバーの選定では、全体を見ることに慣れていない若手社員よりは中堅以上の社員であること、できる限り管理職の立場にある社員であることが求められます。

カスケードダウンの各ステップを実践する際には、推進メンバーがファシリテーターとしての役割を担ってもらうことになるため、ある程度のコミュニケーション能力が備わっていることが条件となります。

推進メンバーを選定する上で最も重要なのが「高い問題意識」を持つとともに、現状を変えたいという強い「思い」があることです。これは決して「業務で高い実績がある」や「業務評価が高い人材」とは限りません。その「問題意識」や「思い」が、仮に会社や組織に対する不信感や不平不満といった負のエネルギーであっても構わないのです。

企業変革にとって重要なのは最後までやり遂げる実行力や行動力です。その源泉となるのは「人の高いエネルギー」。最初はマイナスのエネルギーでも、カスケードダウンを実践することで、自然とプラスに変わります。そのプラスのエネルギーが企業変革を最後まで諦めずに続けさせ、成功へと導いてくれることになるのです。

カスケードダウンのゴール設定

推進チームを組成したら、次はカスケードダウンのゴール設定です。ゴールの設定は、取り組みの成否を分ける重要なポイントとなります。そのため、まずカスケードダウンのゴール設定にあたって大切なポイントを説明します。

そもそもカスケードダウンは、企業経営における「目的」「社員」「手段」の関係で言えば、**経営戦略という「目的」を実現するために必要な社員の行動変革を生み出す「手**

段」です。このような「手段」にゴールを設定する場合は、企業が目指す「最終目的」に向けた、「中間ゴール」あるいは「中間目的」といった位置付けであることに注意しなければなりません。

なぜこんな回りくどい話をするかというと、社員にカスケードダウンの説明を行う際に、経営戦略の実現という「最終目的」とカスケードダウンとして目指す「中間ゴール」との違いを十分に説明しないと、**カスケードダウンを行うこと自体が目的化**してしまうからです。社員が「手段の目的化」に陥らないためにも、カスケードダウンは「手段」であることを強く念を押して伝えておく必要があります。

では、カスケードダウンのゴール＝中間ゴールの設定方法を解説していきましょう。

あらためてカスケードダウンの中間ゴールを表現すると、「すべての社員が経営戦略をしっかりと理解し、それを実現するための社員一人ひとりの新たな目的や役割、課題を設定すること」となります。

こういった表現を使うと「言葉として長い」「どうも堅苦しい」「何かわかりにくい」

という反応が出てくるかもしれません。

その際には、もう少しかみ砕いた表現として、例えば「儲からない仕事を儲かる仕事に変える」や「全社員で儲かる仕事に向けて取り組む」といった社員にとってわかりやすい表現に変えていく必要があります。

この中間ゴールがどういう状態なのかをイメージしてもらうために、具体例を加えることも大切です。

「営業部と開発部が連携して○○商品の付加価値向上に取り組む」

図表 3-2　カスケードダウンはあくまで中間ゴール

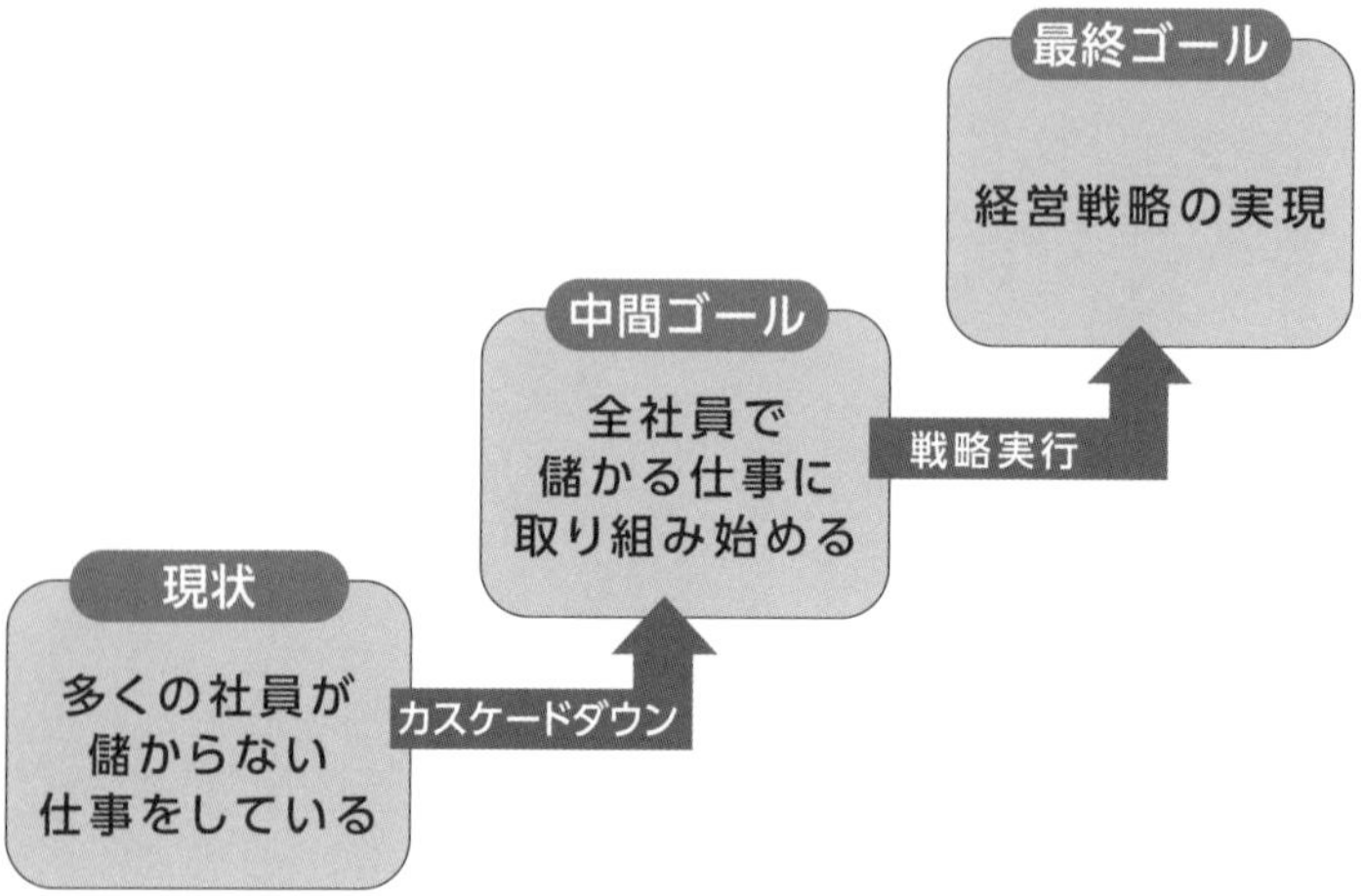

「貿易事業部が△△国に新たに□□商品を売り込む」

これまで企業は、さまざまな改革に取り組んできましたが、そもそも改革は何のための改革なのか、目的やゴールが曖昧なケースが非常に多くありました。その結果、改革は「変えること」や「変わること」が目的化し、なかなか企業の成長に向けた取り組みにつながらなかったのです。改革を企業の成長に結びつけるためには、カスケードダウンはあくまで中間ゴールであり、その先の最終ゴールに向けて取り組みをつなげて行くことが重要であることを、社員に対して十分に説明する必要があります。

カスケードダウンの展開案

中間ゴール設定の次に考えなければならないのが、この中間ゴールに到達するためにカスケードダウンの３つのステップを社内に展開していく方法です。企業特有の事情や事業内容、経営戦略などの内容に応じて、３つのステップの展開方法はケースバイケースですが、まずは基本的な進め方について説明していきます。

カスケードダウンは上位方針である経営戦略を現場まで細分化していくプロセスです。基本的には３つのステップを組織のトップ層（役員や事業幹部）からミドル層（部長や課長）そしてボトム層（現場、担当者）まで、階層ごとに上から順番に実施していきます（図表3-3）。

３つのステップを経験した上位層は、今度は次の階層で実施する際のリード役として参加をしていきます。

カスケードダウンを展開していく範囲は、基本的に「全社」と考えてください。企業によっては「本当に全社でやる必要があるのか」という意見も出るかもしれません。例えば「新規事業開発部やマーケティング部ではすでに経営戦略に基づき取り組みを進めている」「いくつかの事業部では先行して取り組みを進めている」といった中で、経営戦略の取り組みが進んでいない部門を対象とすべきと考えるのが普通でしょう。

しかし、カスケードダウンで重要なのは、組織全体に横串を刺し、横のすり合わせを行って、協力・連携関係を築いていくことです。横のすり合わせと協力・連携があるからこそ、取り組みの全体最適化が図られるようになり、企業変革をこれまでにないスピードで進めることが可能となるのです。

なお、このような展開方法は、社員数が数十名から数百名程度であれば一気に進めることも可能ですが、社員数が数千から数

図表 3-3　カスケードダウン　3つのステップ

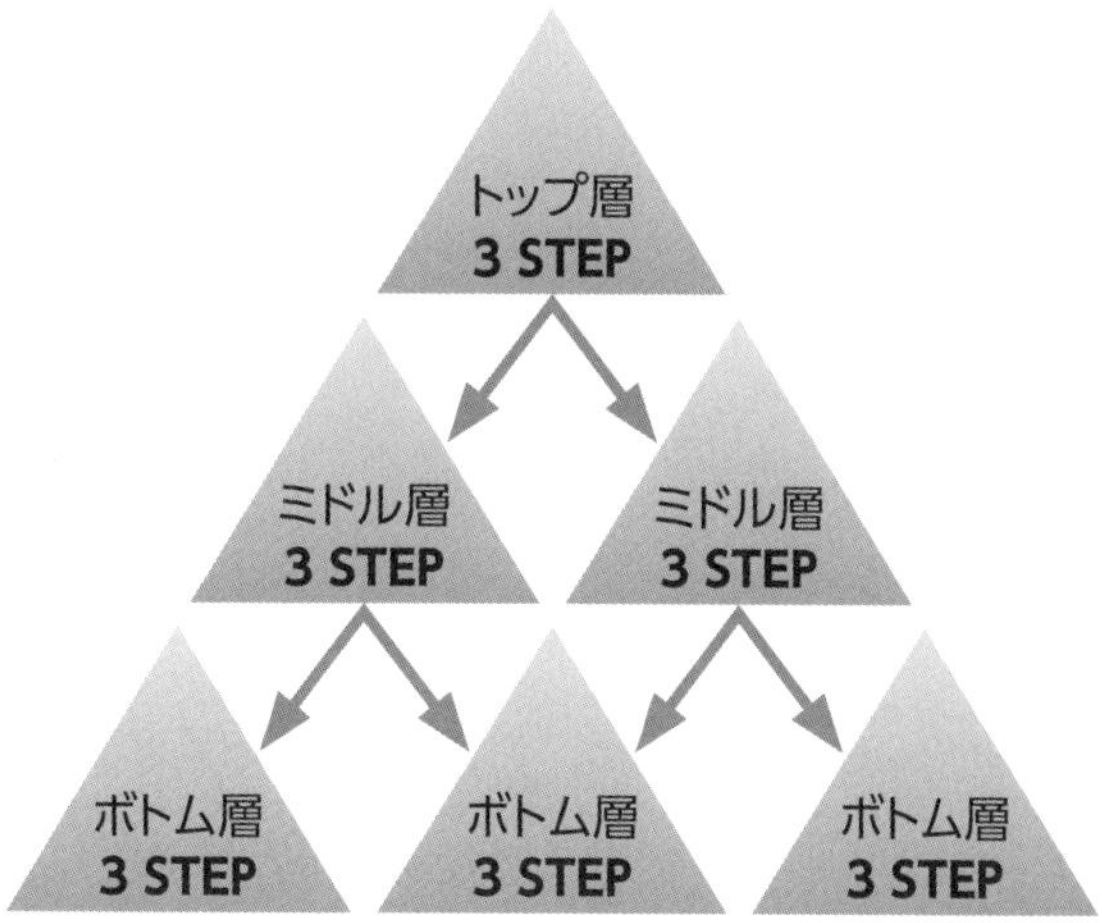

万人という巨大企業のケースや、事業会社や関連子会社に分かれている状況であれば、最初から全社展開を行うのが難しいこともあります。その場合、最初から全社というのではなく、部分展開から始めてもいいでしょう。

部分展開から始める場合、経営戦略上の「注力事業」や「早急に立て直しが必要な部門」があれば、最初に部門を選定し、その部門に関連する横の部門や部署と連携しながら展開することが考えられます。そして、徐々に横展開をしながら全社に広げていくのです。

経営が目指す最終目的を達成するために、どのようなパターンが最も現実的かつ効率的で効果的なのか、全体像を見極めて展開案を考えることが大切です。

展開案と同時に決めなければならないこととしてもう一つ大切なのは、カスケードダウンの実施期間です。一般的な企業改革の取り組みでは、半年から1年、あるいは数年程度に及ぶことがありますが、カスケードダウンはそれほど多くの時間を要しません。

カスケードダウンは、経営戦略を細分化し、社員一人ひとりの役割、目的、課題を設定する作業です。基本的には、細分化の3つの各ステップを一日程度で進めていきます。つまり、細分化はトータル三日で終わらせることとなり、それを上位層から下位層までの各階層で進めていきます。

カスケードダウンは、全部門・全部署で各階層が同時並行かつ横断的に展開していくので、短期間で効率的に展開していくことが可能となるのです。

カスケードダウンにおけるトップの役割

最後にカスケードダウンにおける経営トップの役割について説明します。

企業改革におけるトップの役割で一般的なのは

- 取り組みの進捗を推進担当者から報告させる
- 報告を受けて修正や調整を加える
- 取り組みをサポートする
- リソースの提供や調整を行う
- 取り組みに対する評価を行う

といったものですが、実はこうした役割を果す前提として、「経営として何をしたいのか」、つまり企業改革の指針となる経営戦略がしっかりと伝わっていることがとても重要です。経営戦略が伝わっていなければ、人と組織はそもそも新たな方向に向けて行動を起こすことができず、トップが役割を果たす以前の問題となってしまうからです。

改革がうまくいかない企業を見ていると、ある共通点が見えてきます。

経営トップは「改革」「挑戦」といった言葉を使いながら「我々は変わらなければならない」というメッセージを発信しています。しかし、現場の社員に聞いてみると「自分たちは変わらなければならない」といったメッセージは伝わっているものの、では自分たちは**「何から何へどう変わるのか」**や**「どこに向けて挑戦しなければならないのか」**その具体的な方向性が伝わっていないのです。

方向性が伝わらないまま改革を進めると、「変わること」や「変えること」が目的化しがちです。よくある極端な例を挙げると、業績向上が急務であるにもかかわらず、「上司への○○さん付け運動」「職場のゴミ拾いやトイレ掃除」「自己啓発セミナーへの参加」といった業績向上とは直接関係のない取り組みが行われ、経営の期待とは別の方向に進んでしまうのです。

期待通りの取り組みが行われていない場合、経営は軌道修正を行います。これに対して現場は、自分たちは自分たちがやるべきことを一生懸命やっているにもかかわらず、「自由にやらせてくれない」「現場に任せようとしない」と反発します。経営は現場に理不尽な要求をしてくると思われ、それが経営への不信感を生み、改革を失敗へと導いてしまうのです。

負の連鎖を避けるためにも経営トップは「改革」「変革」「挑戦」を訴えるとともに、「経営が何をしたいのか、どこに向かおうとしているのか」といった、経営の意志や思いを根付かせていくことが重要な役割となります。

では、どのようにトップの意志や思いを根付かせるのでしょうか。

まずはカスケードダウンの2つ目のステップ、「経営戦略を理解する」でしっかりと経営の意志や思いを伝えておきます。と同時に、もう一つやっておくべきことがあります。

それは**「経営判断ができる人材になってほしい」**というメッセージを伝えるのです。

経営者は基本的に一人しかいないので、現場の取り組みすべてをマネジメントし、リードすることはできません。そのため、なるべく多くの社員、特にミドル層の管理職には「社長ならこう判断するよね」と言えるような人材になって、社長の分身として各現場で経営判断ができる存在になるよう、経営者としての期待を伝えるのです。

社長と同じような経営判断ができる人材を一人でも多く増やしていくことが、組織のベクトルを一つに束ね、意思決定のスピードを飛躍的に高め、そして企業変革を効率的に進めることにつながるのです。

第4章

STEP1 変革の火をおこす

「変革の火をおこす」とは

経営戦略を実現するためには、「社員一人ひとりが経営戦略の内容を理解し、目標の達成に向けてやるべきことを考え、実行していく」ことが必要になります。たいていの社員であれば、そのことぐらいすぐに理解できるでしょう。

ですが、理解したとしても、企業の多くの現場では、「また何かやらされるのか」という抵抗感や、会社や自分の将来への漠然とした不安や諦め、失望などが蔓延しています。理屈だけでは割り切れない感情の壁が前に進む気持ちを阻んでしまうのです。

このネガティブな感情の壁を乗り越え、前に進む気持ちを取り戻すには、どうすれば良いのでしょうか。その一つの解決策がSTEP1の「変革の火をおこす」です。部門や組織の垣根を取り払い、ゼロベースで全社の課題をあぶりだしていきます。変革の起点になる作業で、具体的には**（図表4-1参照）**3つのテーマを丸一日使って進めていきます。

プログラムの進行

STEP1では、推進メンバーがファシリテーション役を担当し、上位層のメンバーはあくまでフラットな参加メンバーの一人として議論に参加していきます。3つのテーマの議論が長時間に渡ってしまい、一日で終わらない状況となっても、無理に終わらせる必要はありません。日をあらためて、再度日程を設定するよう

図表 4-1　STEP 1「変革の火を起こす」の流れ

プログラムについての説明

1. メンバーの自己紹介

2.「おかしいと思う」を出し合う

3. 課題解決の全体最適化

にします。

この「変革の火をおこす」ステップは、その後のステップにも大きく影響します。十分に時間をかけることが、より効果を高めることにつながります。

場のルール

プログラムを進める上では、次のルールを設定し、参加メンバーに守ってもらうよう説明します。

- 自分の立場や役割をはずして本音で語る
- 場の空気を読まず思ったことを口に出す
- 相手の話が理解できるまで質問してみる
- 違和感やモヤモヤしたことを口にする
- 人格や人の価値観を否定せず一度認める

日本の古い組織の特徴である「本音と建前を分ける」「互いの立場や役割を重んじる」

「場の空気を読む」といった慣例を打ち破ることで、議論の質を高めていくことを狙いとします。もちろん、ルールを設定すればすぐに本音が出てくるわけではありません。しかし、参加メンバーが自由闊達な意見が出せる場を意識しながらコミュニケーションを取ることで、心理的安全性が確保され、徐々にものが言いやすい雰囲気が出来上がっていきます。

プログラムの説明

プログラムを始めるにあたっては、最初に推進メンバーから説明を行いますが、単にプログラムの内容を伝えるだけでなく「今回の取り組みを行う背景には何があるのか」「今回のプログラムによって経営は何を実現しようとしているのか」、そして前章で説明したカスケードダウンの「最終ゴール」や「中間ゴール」について十分に説明を行います。参加メンバーが取り組みの意義について十分に理解したところで、初めてプログラムをスタートさせます。

1．自己紹介によって互いの垣根を取り払う

企業や組織は、基本的に経営と現場、上司と部下、開発と営業など、それぞれの立場や役割による関係性の中で業務が回っています。それぞれの立場や役割が正常に機能し、業務も滞りなく回り、業績も安定しているうちは、その関係性についても特に大きな問題が起きることはありません。

ところが、ミスやトラブルが頻発する、あるいは業績の低迷が続くようなことになると、次第にその関係性は、「営業の責任だ」あるいは「経営の責任だ」といって、「追及する側」と「防衛する側」に分かれ、対立関係に発展していきます。

対立関係が常態化していくと、仕事以外の対話はなくなっていき、ほとんどは事務

的で機械的なやり取りだけとなってしまうのです。
仕事以外のコミュニケーションがなくなると、人と人との関係性も希薄化していきます。弱いつながりの中で、大きなミスや問題が起きると、今度は社内の至る所で対立関係が敵対関係へとエスカレートしていきます。組織の雰囲気や体質を一気に悪化させていくのです。
現在の日本企業を見ると、このような風土や体質に陥っている企業が数多くあります。それが日々の業務や意思決定、そして業績にも悪影響を及ぼしているのです。

どうすれば、人と人との関係性を好転させることができるのでしょうか。

実は**効果がテキメンだったのが「メンバー一人ひとりの自己紹介」**です。

たかが自己紹介と言うなかれ。もっとも、一般的にビジネスで行われる氏名や所属部署、担当業務の紹介といった型通りの自己紹介ではありません。STEP1で実践するのは、一度仕事上の立場や役割を離れ、一人の人間としての姿を伝えていきます。

「自分自身の生い立ち」「過去の思い出や経験」「家族のことや大切にしていること」など、プライベートの話を中心に自分自身のことを語ってもらうのです。

一人当たりの制限時間は設けず、たっぷりと時間をかけて話してもらうようにします。一人ひとりが自己紹介を始めると、小さい頃の思い出や、出身地や趣味の話、あるいは自分が大切にしている価値観や考え方など、その人となりが伝わる話が出てきます。それに対して他のメンバーが質問を投げかけたり、あるいは自分の考え方や価値観を語り出したりして、あっという間に時間が過ぎていきます。過去には最長で一人二時間、自己紹介に時間をかけた人もいました。

人となりがわかる自己紹介を行っていくと、参加メンバーからは、

「普段はしゃべらない人だけど、すごい信念のある人だとわかった」
「とっつきにくい人だと思っていたけれど、意外と優しい人だった」
「この人の仕事の進め方の背景にある価値観やスタンスが理解できた」

といったように、普段の職場で見ている姿とは違った一面を見ることができます。

「互いを人として知る」自己紹介をすることで、それまでの立場や役割の垣根は自然と取り払われます。お互いが人と人との関係性となり、本音で話し合うことのハードルも下がり、心理的安全性が確保されていくのです。

2.「おかしいことはおかしい」と言える場に

立場や役割の垣根がなくなり、互いに自由に話ができる雰囲気が出来上がると、日頃働いていて問題に思うこと、特に「もやもやする」「違和感がある」「おかしいと思う」についても話をしてもらいます。

一般的に企業で行われる会議やミーティングでは、議題やテーマが決まっていて、その議題やテーマに基づいて「報告」「検討」「共有」「決議」を行っていきます。

そうした会議やミーティングは、コミュニケーションスタイルにもさまざまな特徴があります（図表4-2参照）。

特に「上位層と下位層」や「部門と部門」が関わる場合、型にはまったコミュニケーションスタイルが顕著になります。参加者が「もやもやする」「違和感がある」「おかしいと思う」と感じていても、それを口に出して言える雰囲気はありません。「本当は声に出して言いたい」あるいは「言わなければならない」と思っても、本音を自分の中に抑え込み、その場をやり過ごしてしまいます。

そして会議やミーティングが終わった後に、職場の仲間や親しい人だけに「本当はこうすべきだよなあ」「このままではうまくいかないよね」と愚痴を交えながら本音を漏らすのです。

図表 4-2　コミュニケーションスタイルの特徴

コミュニケーションスタイル	結果
組織や部門の代表として立場や役割から意見を言う	立場・役割が邪魔して本音が言えない、一緒に考えようという関係にならず、相互不信、対立構造につながりやすい
さまざまな資料をそろえ詳細な説明のもと、論理で説得する	データ情報には表現されず、理屈ではない感覚的で曖昧ではあるが本当は重要かもしれないことが表面化しない
相手の盲点・欠点等の足りない部分を問う、問われる	詰問によって責められることで、マイナスをいかにカバーするかという防御思考に陥り、建設的なプラスの議論になりにくい
課題に対して各自の経験値や知見から解決策を導く	「過去の成功体験やベテランの経験値は正しい」という呪縛によって、新たな発想や他の選択肢が出てこない
問題解決に向けて手段を並べ、対策、結論を急ぐ	結論を出すことに囚われ、問題の掘り下げが不足し、「なぜ」「何のために」という目的が不明確のまま、手段が走り、目的化する

出所：石原 正博『会社が生まれ変わる「全体最適」マネジメント』（日本経済新聞出版社、2016）

話し合って解決すべき課題は、本音の中にあるものです。参加者が心の中で感じた「こんなことをやっても意味がない」や「あんなやり方では絶対うまくいかない」といった意見があれば、それを議論していくべきで、建設的な議論につながっていきます。

そのためSTEP1では自己紹介の次の取り組みとして、本音で問題点を出し合うことを実践していきます。

職場で感じている「もやもやしていること」「違和感」「おかしいと思うこと」をメンバー間で議論してみると、例えば次のようなやり取りが起きます。

ある社員が「私は社内に無駄な会議が多すぎると思う」と発言すると、他の社員からは「確かに自分もそう思っていた」と返ってきます。さらに別の社員からは、

「それもそうだけど、何であんなに人数が多いのか」
「ほとんどの参加者は発言もせず黙ったままである」
「発言する人はいつも決まっていて声のでかい○○さんだ」

「参加者の中には会議とは関係のないメールを打っている人がいる」
「結論が何なのかが良くわからないまま会議が終わっている」

と、日頃会議に感じていた「おかしいと思うこと」が噴出するようになるのです。そして誰もが共感することで、「疑問に思っているのは自分だけではなかった」「みんな問題だと思っているなら変えていくべきだ」という流れが生まれます。それが**変革を起こす動機付け**となっていくのです。

「おかしいと思うこと」を課題に変える

各メンバーが「おかしいと思うこと」を議題やテーマを設けず自由に出し合っていくと、日頃感じているさまざまな問題はかなりの数となります。その内容や領域も非常に多岐に渡ります。

いくつか挙げると「方針が曖昧で良くわからない」「経営者にビジョンがない」「無駄な会議や報告が多い」「仕組みやシステムが古い」「人事評価が納得いかない」「管理職が機能していない」など、さまざまな問題点が浮かび上がってくるのです。

次に、出てきた問題点をSTEP1で大まかに整理し、課題化していくようにします。たいていの課題は**図表4-3**の6つに集約されていきます。

通常であれば、整理された課題を前に「どうやってこれらの課題を解決していくか」を議論したくなるところですが、STEP

図表 4-3　社員が感じている6つの課題

1. 方針・戦略・目標に関する課題
2. 経営や上司などマネジメントに関する課題
3. 業務の流れや仕組みシステム等の課題
4. 組織体制や組織体質に関する課題
5. 評価や人材育成などの人事制度に関する課題
6. コミュニケーションや人間関係などの課題

1では具体的な解決策の検討は行わないようにします。

理由は次の2つです。

理由①　STEP1の狙いはあくまで「変革の火をおこす」ことであり、まずは参加メンバーに「問題に思っているのは自分だけではなかった」や「何とかこの状況を変えていかなければならない」と思ってもらうことが大切だということ。

理由②　課題のほとんどが経営課題の領域であり、参加者だけで解決策を検討できるものではなく、会社全体で課題解決に取り組む必要があること。

そのため、解決策の検討は行いませんが、当然参加メンバーからは「じゃあこれらの課題はどうするのか」という疑問が出てきます。

その疑問に対しては、課題をどのように解決していくのか、「課題解決の全体最適化」について参加メンバーに説明をします。

3．課題解決の全体最適化

まず多くの企業で見受けられる一般的な課題解決の進め方について振り返ってみます。

通常、「経営戦略」「業務改善」「組織人材」「システム」など、さまざまな領域の課題が出てくると、それらは横に並べられ、課題ごとに所管部に割り振られ、そこで解決に向けた検討が行われます。解決策を策定し経営の承認を経ると、それを各現場に落とし込み実行していきます。

しかし、この進め方では、これまで伝えてきた通り、「目的」「人」「手段」が全体最適でつながっていきません。せっかくの解決策も部分最適化してしまいます。

そこで必要なのが「課題解決の全体最適化」の作業です。

課題解決の全体最適化とは、さまざまな課題を横に並べるのではなく、「目的」となるものを上に置き、それに対する「手段」を下に置き、そして縦に並んだ「目的」と「手段」の間に「社員」を置きます。

課題解決の順序として、最初に社員が「目的」の理解を行い、次に「目的」を実現するための「手段」を考えます。

図表 4-4　一般的な課題解決の進め方

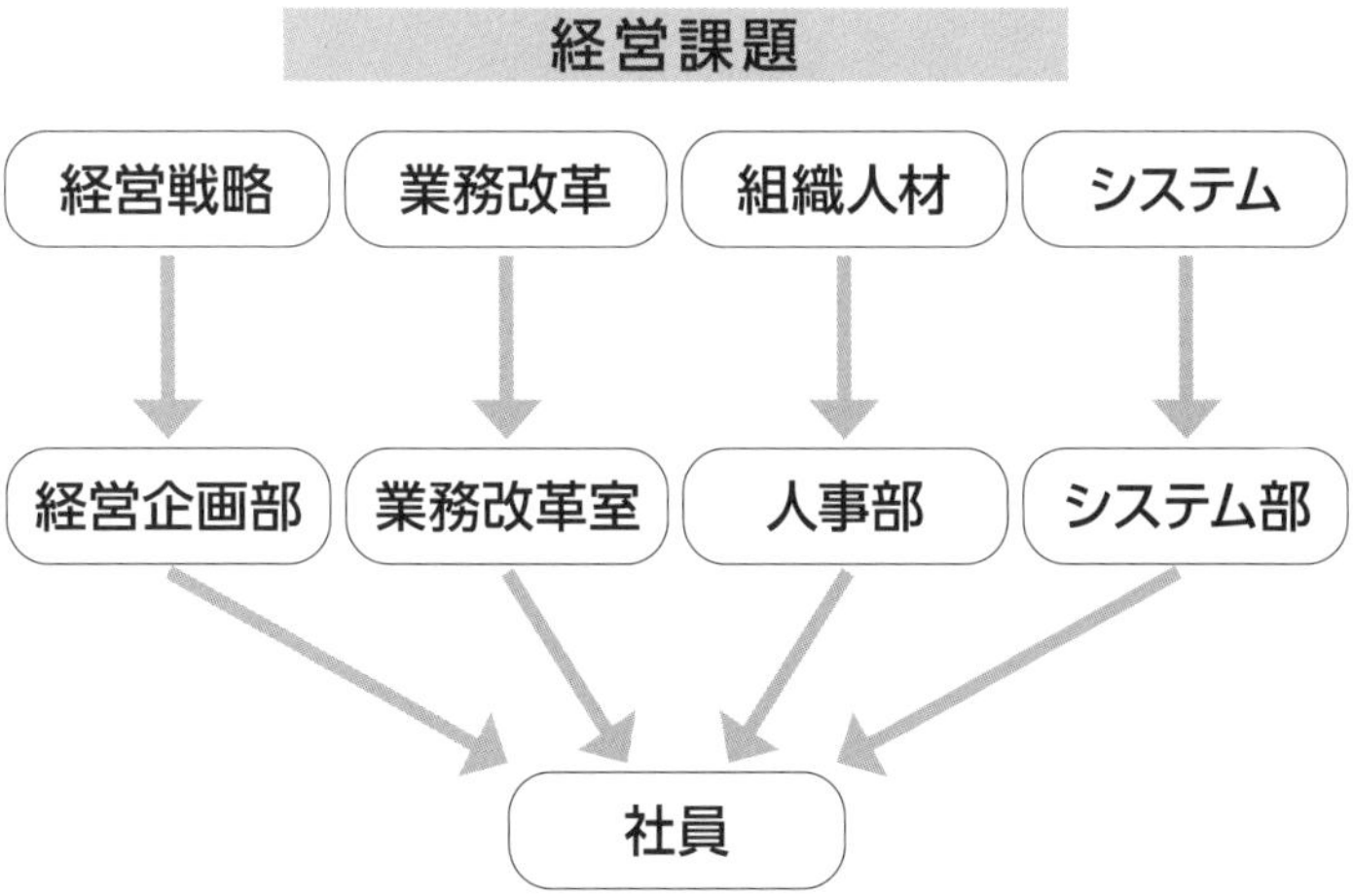

参加メンバーにはこの「課題解決の全体最適化」についての説明を行い、自分たちが抱えるさまざまな課題の中で、まずは課題のセンターピンである「目的」を最初に理解することの重要性をしっかりと理解してもらいます。その上で、「目的」である経営戦略を理解する場としてSTEP2の「経営戦略を理解する」に進むようにしていきます。

図表 4-5　課題解決の全体最適化

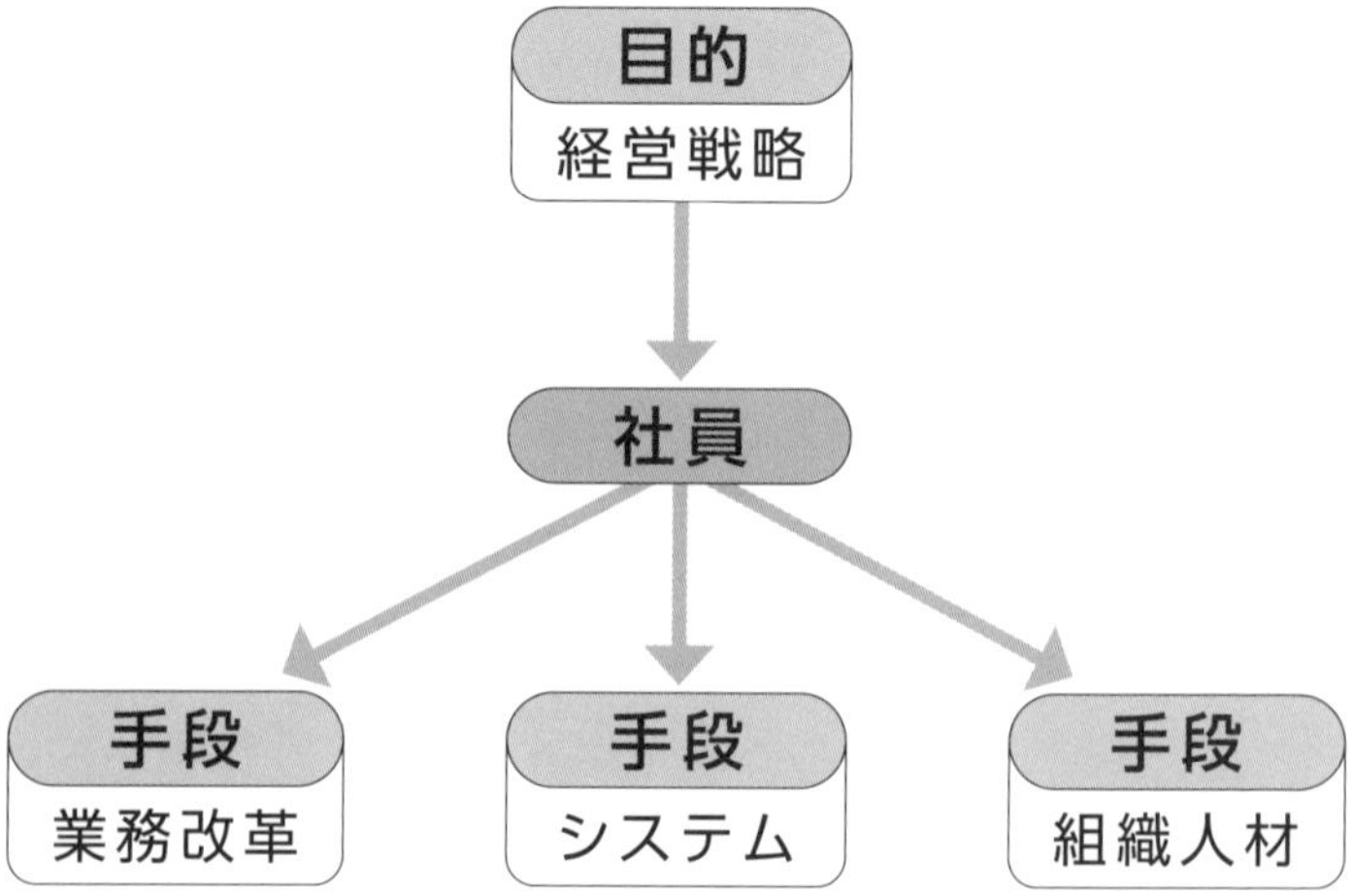

STEP2につなぐための3つのポイント

これまでSTEP1の具体的な流れを説明してきましたが、これからSTEP1を確実にSTEP2につなげていくための3つのポイントを説明していきます。

ポイント① 協働関係を築く

1つ目のポイントは、メンバー間の関係性の改善です。

関係性の改善では、STEP1の最初に行う自己紹介を通じて、お互いの立場や役割の垣根を取り払うことを行います。しかし、変革の火をおこし、さらにその次のステップにつなげていくためには、もう一歩進んだ関係性を築いておくことが必要です。

その関係性とは、「協働関係」です。

カスケードダウンの目的である経営戦略を実現するためには、組織全体で連携し協力していく「協働関係」を築いておく必要があります。しかし、多くの企業では「経営と現場」「部署と部署」との間のさまざまな対立や摩擦が起きることで、それぞれの間に厚い壁ができ、連携や協力ができにくい状態が続いてきました。

企業によっては、悪化した関係性の改善に向けて、社内のコミュニケーションの機会を増やしたり、人事異動によって組織の活性化を図ったりしてきました。しかし、効果は一時的なものに終わり、協働関係を築くことができていなかったのです。

では、どうやって協働関係を築いていくのでしょうか。

ここで必要となるのは**「連携や協力がなければ解決できない共通の課題は何か」**をメンバー内で議論し共有することです。

共通の課題を互いに見つけ、共有していくことでベクトルが合っていき、部門間を越えた協働関係が築けるようになるのです。

共通の課題は、ただ単にコミュニケーションを増やしたり、人材交流を活性化したりすれば持てるものではありません。STEP1で行う、互いの「もやもやしていること」「違和感」「おかしいと思うこと」を出し合い、それを共通の課題として整理し「みんな同じ課題を抱えていた」と気づいてもらうことが必要となるのです。

STEP1ではこの協働関係を築くことが重要なポイントとなるわけですが、組織として連携・協力していくための「人間関係」や「信頼関係」など、人と人との関係性についても触れておきましょう。

「人間関係」や「信頼関係」については、ＳＴＥＰ１の自己紹介によってある程度の改善を図ることはできますが、より深い関係性にするのはそれほど簡単ではありません。

そもそも関係性は、根底に、性格の違いや好き嫌い、あるいは働き方や生き方などに対する価値観や考え方などの違いが深く関わっており、丸一日自己紹介をやっただけでは、簡単に変わるものではないからです。

「人間関係」や「信頼関係」を改善し、より関係性を深めていく際に、鍵となるのは、カスケードダウンを行った後の戦略の実行です。経営戦略を互いにしっかりと共有し、やるべきことは何かを考え、お互いが協力し合いながら戦略を実行していく中で、徐々に「人間関係」や「信頼関係」が改善していきます。

苦楽を共にしながら協働関係の下で成果を積み上げ、目的を達成できれば、「協力し合うことで実現した」という充実感を共に味わうことができます。「振り返ればばいつの間にか人間関係や信頼関係が大きく改善していた」という状態に変わっていくのです。

ポイント② 事実に基づかない同調バイアスから思考を解放する

普段、私たちは人とのコミュニケーションを通じてさまざまな情報に触れますが、一人ではなく複数の人から同じ情報を聞いて「みんな言っている」と認識すると、誤った情報でも、つい鵜呑みしてしまうことがあります。

ＳＴＥＰ１を進めていても同様の誤解や誤認識は頻繁に起き、その後のステップに悪い影響を与えることがあるのです。

そこで２つ目のポイントとなるのが「事実に基づかない同調バイアスからの解放」です。

ある企業でカスケードダウンのプログラムを進めていたときのことです。

参加しているメンバーが経営に対して思っていることを発言し始めると、誰もが一様に「うちの経営は現場の声を聞こうとしない」と言うのです。その理由を尋ねると、数年前に「ある案件を通そうとしたが否決された」や「業務改善の提言を行ったが聞き入れられなかった」ということが何回も続いたといいます。その数回の出来事が組織の中で拡散し、いつの間にか既成事実として、「うちの経営は現場の声を聞こうとしない」という社員のコンセンサスとなっていたようです。

事実関係はどうなのか、経営者に尋ねたところ、確かに過去に案件や提言を否決したものの、そこには経営としての合理的な判断があり、決して「現場の意見を聞かなった」わけではないことがわかりました。

集団の中で周囲と同じ行動をとってしまうことを「同調バイアス」と呼びますが、日本企業では事実に基づかない情報であっても、他の社員と同様に考えたり行動したりしてしまう同調バイアスが非常に多くみられます。

「うちの会社は営業が強く開発部門は逆らえない」
「経営は挑戦せよと言うが一方では失敗を許さない」
「経営は長期よりも短期的な利益しか評価しない」

これらはＳＴＥＰ１の中でしばしば出てくる発言ですが、こういった情報が広まることで、

「開発部門は営業からの無理難題を仕方がなく受けてしまう」
「失敗が許されないから挑戦など最初からしない」
「現場としては長期的な利益よりも短期的な利益を優先する」

といったように多くの社員の日々の思考行動に悪影響を与えてしまうことがあるのです。しかし、これらの情報の事実関係を確認すると、裏付けとなる情報は見つからず、ほとんどが事実に基づかない同調バイアスであることがわかるのです。

ではプログラムの中で、こうした同調バイアスからメンバーの思考や行動を解放するにはどうすべきでしょうか。

ここで必要となるのが、ファシリテーターによる質問と問題の掘り下げです。例えば「経営は現場の声を聞こうとしない」という話が出てきたとき、ファシリテーターは「本当にそうなのか、それは事実なのか」という問いを立てます。具体的にどんな背景や理由で根拠なき同調バイアスが生じているのか、なぜ、「経営は現場の声を聞こうとしない」と言えるのかなど、さまざまな質問を駆使しながら問題を掘り下げていくのです。

そして、事実ではないかもしれないという疑念が生じたら、事実を知っている関係者や当事者に確認し、誤った情報を正しい情報に修正した上で、バイアスを解いていきます。

ポイント③ 抵抗勢力に対応する

経営者からはよく「改革に対する抵抗勢力の存在」の話を聞くことがあります。

「事業構造改革を進める中で、既存事業を守ろうとして方針に反対する社員がいる」
「人事制度を見直す中で、評価や処遇に影響を受ける社員が制度変更に抵抗する」
「仕組みやシステムを変えたが、既存のやり方に慣れた人たちが活用しようとしない」

そして、経営者は「社員の中に自分の利益や地位にしがみつく人がいる」といって、期待通りに動こうとしない社員を抵抗勢力と見なすのです。

誰しも自分の利益や地位が脅かされれば抵抗するでしょう。習慣や慣れ親しんだものを変えられると抵抗を感じるものです。

しかし、さまざまな企業改革を支援していると、実は、抵抗しようとしている社員は、自分の利益や地位にしがみつくという理由以上に、「なぜそれを変えるのか」あるいは「変わることでその先どうなるのか」が見えないこと、つまり改革の意味や目的がわからないことに理解や納得がいかず、抵抗しているのがわかるのです。

改革が必要とされる企業で働く人たちは、競争や変化が激しく、会社の業績や自分の将来に不安を感じている中、誰もが、「このままではまずい、改革が必要だ」と感じています。基本的に「変えること」や「変わること」といった**改革自体を否定する人はいない**のです。

では、抵抗感のある社員に対して、企業はどう対応していけば良いのでしょうか。

重要なのは、改革の目的や意味、そして「変えること」や「変わること」によって、会社と社員はどうなっていくのか、**方向性を社員に十分に伝える**ことです。その内容が「伝わる」まで議論を重ね、理解と納得を得ていくことが必要なのです。

カスケードダウンの取り組みを進めていても、時折「どういう意味があるのかわからない」と抵抗感を抱く社員はいます。そうした疑念が出るたびに、プログラムの途中でもいったん立ち止まり、**都度その意味や目的を繰り返し伝えていくことで「確かに大事なことかもしれない」「取り組む意味はあるような気がする」と、抵抗感は和らいでいきます。**

抵抗感のある社員に対して、やるべきでない行為があります。

それは、経営の思い通りに動かない社員を抵抗勢力として扱い、それらの社員には意識改革が必要だとして、自己啓発を推進したり、研修に参加させたりすることです。自己啓発の推進や研修への参加は、社員にとって自分を振り返る良い機会にはなるものの、それが、経営が進める改革の意味や目的を理解することにはつながりません。抵抗の理由を取り除くことはできないのです。

一方で、いくら経営が進める改革の意味や目的を伝えても、納得がいかない社員や、そもそも経営に関心がない社員がいるのも事実です。しかし、そうした社員は少数派にすぎません。少数派のために改革の取り組みが振り回されてはたまりません。

経営としては、多数派が改革を前向きに進められるよう、常に改革の目的や意味を伝えることを心掛け、いくら伝えても理解が得られない少数派の抵抗勢力への対応は、どこかで割り切ることがカスケードダウンを成功させる上での大切なポイントとなるのです。

ケース3「変革の火をおこす」（商社C社）

大手商社のグループ子会社であるC社は、国内の住宅建材メーカーや自動車メーカー向けに化学品を販売する中堅規模の専門商社です。

C社は、長引く不況下での国内販売の低迷、取引先の商社離れ、海外製品との価格競争などの環境変化を受け、近年の業績は売り上げ・利益とも大きく減少が続いていました。

そのためC社の親会社は、業績改善に向けて3年ほど前から出向者を役員として派遣し、「中期経営計画の策定」「経営管理の強化」「組織体制の変更」など、さまざまな経営施策を進めてきました。しかし、業績は改善せず、親会社とC社の経営陣は苦慮していました。そのような中、当時C社の経営企画部長が私に相談をしてきたのです。

事前ヒアリング

経営企画部長との打ち合わせ後、現状把握のためにC社の社員に対してヒアリング調査を行いました。その結果から顕著に見えてきたのが、中期経営計画の中でC社が掲げる経営戦略に対する現場社員の不満でした。

「経営戦略とは言っているが内容が漠然としすぎていて心に響いてこない」

「売上目標があまりに現実離れしていて、本気でやろうという気になれない」
「親会社や経営陣が何を目指そうとしているのかがまったく見えてこない」

経営戦略に対するさまざまな問題点が出てきた中で、早速C社に対して、経営戦略の浸透によるカスケードダウン・プログラムを提案。最初に経営企画、営業、管理の各部門の部長層を対象にプログラムをスタートすることとなりました。

STEP1

プログラム初日、さまざまな立場を背負う部長層が集まる中、まずはお互いの立場や肩書きを一旦離れ、普段あまり話さない自分自身のプライベートなことや、これまで人には見せなかった強みや弱みについて話をしてもらいました。

百戦錬磨のエリート商社マンということもあって、誰もが非常に話し上手。いったん話し始めると自然と場は盛り上がり、あっという間に時間が過ぎていきました。自己紹介が終わって打ち解けたところで、日頃感じている会社への疑問や、もやもやしていることなどを話してもらいました。最初は経営層や部長層の派閥争いやパワーバランスなど、少々下世話な話題です。続いて社内政治が絡んだ人事異動や昇進昇格の話で議論は大いに盛り上がりを見せます。親会社や親会社から来ている出向役員への不満が爆発し、経営企画部長が他の部門の部長から一方的に攻められるシーンもありました。

業務目標や戦略についての意見も噴出しました。

「目標をどうやって達成するのかの具体策が描けない」
「会社はもっと具体的な戦略を考えて現場に示すべきだ」
「自分の部下に会社の方向性や戦略を説明できない」

ファシリテーターはさまざまな意見をホワイトボードに板書していましたが、瞬く間にボードの裏面まで使っても書ききれないほどの問題点で埋まっていきます。その時点でメンバーにいったん問題点を整理することを提案し、一緒に課題を整理していきました。

大まかに課題が整理される中で、「そもそもC社はどこに向かうのか」「C社の経営方針や経営戦略はいったい何なのか」、まずはそれを明確にしていくことが、あらゆる課題を解決に導くための糸口となることを部長層は理解しました。そして、STEP2「経営戦略を理解する」に向けての今後の進め方を話し、その日は終了となりました。

一日目が終わり、日頃溜まっていたガスを一気に抜いた部長層は、次のような感想を語りました。

「普段言えないことをさらけ出すことや、人の本音が聞けたのは本当に良かった」
「自分が問題だと感じていたことを、みんなも感じていることがわかった」
「他の部長さんたちが日頃から何を考えて仕事をしているのかが良くわかった」

さまざまな任務を背負い、時には対立関係になることもある参加メンバーでしたが、一日じっくり話し合うことで、一気にお互いの距離が縮まりました。

165ページのケース④へ続く

第5章 STEP2 経営戦略を理解する

STEP2「経営戦略を理解する」の進め方

カスケードダウンにおけるSTEP2は、経営戦略を実現していく上で最も大切な取り組みとなります。社員が経営戦略を理解することで、どうすれば既存の業務を業績向上や企業の成長につながる業務へと変革できるのか、その判断基準を持つことができるのです。

具体的には次の3つの項目を半日から一日程度かけて進めていきます。

STEP2では、推進メンバーと参加している上位層のメンバーがリード役となり進めていきます。3つの項目のうち、特に「1．経営戦略を理解することの意義を伝える」「2．経営戦略に関する5つの情報を伝える」については、上位層のメンバーが下位層のメンバーに説明するようにします。

この「上位層が経営戦略を説明する」理由ですが、本来、経営戦略は経営者が発信した後に、その下のミドル層が経営者に変わって部下に伝えていくものです。ところが肝心のミドル層がほとんど経営戦略を理解しておらず、部下に対しても説明ができていないのです。

多くの企業ではミドル層を対象としたマネジメント研修を導入していますが、そこでは実際に策定された経営戦略を理解し、部下に対して説明できるような研修は行われていません。

そのため、上位層のメンバーには、自分が下

図表 5-1　STEP 2「経営戦略を理解する」の流れ

1. 経営戦略を理解することの意義を伝える

2. 5 つの情報をストーリー化して伝える

3. 経営戦略と日常業務をつなげる

位層の立場で受けていたカスケードダウンのプログラムの中で経営戦略を十分に理解してもらい、上位層の立場でプログラムに参加する際、下位層の参加メンバーに説明ができるよう事前に意識付けをしておきます。

以上の通り、STEP2は参加メンバーの経営戦略への理解とともに、上位層のメンバーに対するマネジメント育成も兼ねて進めていきます。

1. 経営戦略を理解することの意義を伝える

STEP2の1つ目の取り組みが「経営戦略を理解することの意義を伝える」です。当たり前のようですが、低迷が続く日本の企業ではこの当たり前のことができていません。そして、経営戦略への理解がなければ、社員は経営戦略を自分ゴトにできず、変革は一向に前に進みません。

経営戦略が理解されない背景には、主に次の2つの理由があります。

1 社員は経営戦略への関心はあるものの、上層部が十分に伝えていない、もしくは経営戦略の内容を共有したり議論する場がない。

2 社員は経営戦略への理解がなくても自分の業務は回り、困ることもなく「経営戦略は自分には関係ない」「他部署や他の社員の仕事」と、他人ゴトとして捉えている。

これらが経営戦略の理解が進まない要因としてあり、特に2の「他人ゴトと捉えている社員」に対しては、なぜ経営戦略を全社員が理解しなければいけないのか、丁寧に説明し意義を理解してもらう必要があります。

経営戦略を理解することの意義

「経営戦略を理解することの意義」については、以下の3つのポイントを参加メンバーに説明します。

ポイント①

業績を改善し、会社を成長させるには、**すべての社員の日常業務を業績向上や企業成長につながる業務に変革しなければなりません**。その変革を行うには、どこに向けて変革させるか、経営戦略について社員が理解しておく必要があること。

ポイント②

業績を改善させ会社を成長させるには、経営と現場、部門間など、**組織全体がお互いの垣根を越えて一枚岩になる**ことが不可欠です。そのためには全社員にとって共通のベクトルとなる経営戦略を全員で理解し共有しておく必要があること。

ポイント③

業績を改善し、会社を成長させるための仕組みや制度、システムといったものは基本的にすべて経営戦略を実現するための手段です。その**手段を手段として機能させる**ためには、使う側の社員が目的である経営戦略を理解する必要があること。

経営戦略を他人ゴトと捉え、自分には関係ない、自分は関心がないと考えている社員には、まず以上の3つのポイントを伝え、企業が成長するためには全社員が経営戦略を理解する必要があることを認識してもらいます。

2.5つの情報をストーリー化して伝える

経営戦略を理解することの意義を伝えたら、次に具体的な内容を説明していきます。

経営戦略については、最低限伝えるべき情報として次の5つの情報を準備して説明しておきます。

1 外部環境分析

政治、経済、社会の状況や、市場や業界、競合先、技術の進歩など、自社の経営を取り巻く外部環境の動向を把握し、それらが自社にどのような影響を与え、何が自社にとってのビジネスチャンスとなるのか、あるいはリスクや脅威となるのかなどを分析したもの。

2 経営状況

自社の市場シェアや業界内でのポジション、顧客の評価や競争力の状況、財務状況や損益状況などの業績指標に関する過去の実績と将来の予測など、自社の経営状況を定性面、定量面の両面から分析したもの。

3 経営戦略

外部環境分析、経営状況を踏まえて自社の成長を実現する上で目指すべき方向性を示したもので、どういった分野の事業に注力するのか、またその方向性に応じて経営資源をどのように最適化するのかなどを示したもの。

4 経営課題

経営戦略を実現させ自社が持続的に成長していくために解決すべき課題は何か、さまざまな課題の中で解決の優先順位はどうあるべきか、その緊急度や重要度を分析したもの。

5 経営の意志

「経営者として何をしたいのか」「会社をどうしていきたいのか」といったトップリーダー自らの意志を示したもの。

さまざまなデータや資料を説明し、自社の方向性について理解と納得を得ても、最終的に社員が見たいのは経営者の本気でやろうとする姿勢です。その姿勢が伝わるかどうかで社員の意識も大きく影響を受けます。

経営の意志を示す上では、単なる思いつきで作成したり、他人に作成させたりすることを避け、ある程度の時間をかけて自ら熟考を重ねてまとめるようにします。

内容は、理想論や耳触りの良い言葉を並べたり、表面的にきれいにまとめたりするよりも、これまで深く悩み考えてきた生の声を本音で率直に伝えることを心掛け、社員が本当に聞きたいと思うことを想像しながらまとめるようにします。

以上の5つの情報をＳＴＥＰ２の中で上位層のメンバーから他のメンバーに説明していきます。

５つの情報を説明する際は、基本的には外部環境分析から経営の意志までが一つのストーリー（**図表5-2参照**）としてつながるようにして、過去から現在、現在から将来に向けて、丁寧かつわかりやすく伝えていくよう心がけます。聞き手が、部下や同僚に経営戦略を自分の言葉で語れるよう意識付けをしておきます。

説明の途中では、メンバーの様子を見ながら、違和感、疑問を感じているようであれば、随時質問を受け、質疑応答に十分な時間をかけるようにします。

メンバーの中には、「何をどのように質問して良いかわからない」「そもそも基本

図表 5-2　過去のストーリーを将来へのストーリーにつなげる

過去のストーリー

5つの情報を使い
過去から現在までを語る

- 経営を取り巻く外部環境はどうだったのか
- 戦略や課題への取り組みはどうだったのか
- 業績など経営状況の結果はどうだったのか
- 経営者としての反省や思いはどうか

⇨

将来へのストーリー

5つの情報を使い
将来へのストーリーを語る

- これから外部環境はどうなるのか
- このまま何もしなければどうなるのか
- 戦略と解決すべき課題は何か
- 戦略によってどんな業績成果を目指すのか
- 経営者としての意志や社員への期待は何か

的なことがわかっていない」など、さまざまな理由で沈黙しているメンバーもいるでしょう。その際にはファシリテーターが「経営戦略についてどう感じたか」など答えやすい質問を投げかけながら、どのように解釈をしているかを聞き手から引き出し、参加メンバーの理解度を計りながら進めるようにしていきます。

3. 経営戦略と日常業務をつなげる

5つの情報を使いながら、今後向かうべき方向性や戦略について説明した上で、次に行うのが「経営戦略と日常業務をつなぐ」です。

経営戦略には、「グローバル化」「デジタル化」「付加価値創造」など、一見すると抽象的で漠然とした言葉が並ぶことがあります。

実際に海外事業や商品開発、あるいはマーケティングなどの経営戦略に関連する業務に従事している社員であれば、抽象的で漠然とした言葉でも、自分の仕事とのつながりをイメージできます。しかし、戦略とは直接関係のない事業や管理系の部門で働く社員にとってみれば「自分はいったい何をすればいいのか」、自分の業務とのつながりがイメージしづらいものです。

そこで2つ目に取り組むのが「経営戦略と日常業務をつなげる」です。

漠然とした経営戦略と参加メンバーの日常業務がどう結びつくのかを、さまざまな部門のメンバーの視点を通して議論し、各メンバーが新たにどのような役割を担うべきか、具体的なイメージを持てるようにしていきます。

ある電子部品のメーカーでは、今後成長が見込まれる医療分野への事業展開を経営戦略の柱として立て、社員への理解浸透を図っていました。

その経営戦略と日常業務のつながりについて各事業部の幹部層が集まり議論している中で、医療機器事業部のある幹部が意見を出しました。

「自分の事業部では市場が拡大しており、やればやるほど売り上げ拡大が見込めるのに、人手と時間がまったく足りていない」

その意見を聞いた映像機器事業部の幹部が、次のように発言したのです。

「うちの事業部も人は足りていないが、確かに会社全体のことを考えれば医療機器事業部にもっと人を集中させるべきだろう」

これまで映像機器事業部は医療機器事業部をライバルと捉え、医療機器事業部に勝つことを一つの目標としていました。また目標を達成するために、経営や人事に対しても人員を増やすよう要請していました。

しかし、医療機器事業と映像機器事業の市場の将来性や成長性を比較すると、会社全体の経営戦略を実現するには医療機器事業に人員を増やすことが最善策です。それを理解した映像機器事業部の幹部は、事業方針を根本から見直す必要があると考え始めました。

その後、映像機器事業部の幹部は担当役員や事業部長と協議を重ね、最終的には「現状の売り上げや利益を維持しつつも、業務効率化を進めることで人員を減らし、その人員を医療機器事業部に移動させる」といった事業方針に転換します。方針転換を事業部内にカスケードダウンし、人員削減を伴う業務効率化を進めるとともに、自働化を視野に入れた業務のデジタル化の推進・検討も始まることになりました。

このように「経営戦略と日常業務のつながり」を議論していくことで、経営戦略の実現に向けたお互いの新たな役割や課題のイメージが見えてくるとともに、経営戦略のより深い理解が進みます。そして、全社員が協力しなければ経営戦略は実現できないという協働の関係も醸成されていくようになるのです。

STEP2の効果を上げるための4つのポイント

前節までSTEP2の具体的な流れを説明してきましたが、本節以降ではSTEP2の効果をより上げるために押さえておくべき4つのポイントについて説明していきます。

ポイント① 健全な危機感をあおる

低迷が続く企業の経営者の悩みの一つに「うちの社員に危機感がない」というものがあります。確かに経営者から見れば、変革への動きが遅い社員を見て危機感の欠如を感じると思います。しかし、社員に危機感が足りないのは、社員側ではなく経営者側に問題があることが多いのです。

ある企業の社長は、厳しい業績が続いているにも関わらず社員に危機感が感じられないことから、社員の意識を改革したいと相談してきました。

そこでまず社長に伝えたのは、次の2つです。

1 ただ単に「意識を変えよ」といって精神論で変えようとしたり、自己啓発を推奨しても決して社長が期待する意識改革はできないこと。
2 社員の意識が変わるためには、なぜ意識を変える必要があるのか、説得力のある情報を十分にインプットすることが必要であること。

その上で、普段、社員にどのような情報を提供しているかを聞いたところ、「年一回の決算報告会で全社員を集めて単年度の業績を報告している」とのことでした。ほかに経営から情報を提供していなかったのです。

この企業は単年度の決算を見ると利益は出ているのですが、業績を時系列に並べると連続して悪化しています。過去3年間で売り上げは10%以上低下していました。このまま業績低下が続けば、やがては売り上げが損益分岐点を下回り、赤字転落も視野に入ります。

早速社長に、過去3年の実績と今後3年の見通しについて、売り上げや利益、固定費などのデータを準備し、なぜ業績が低下しているのか、今後どのような外部環境の変化が起きるのか、社員が理解できるよう、わかりやすく情報をまとめて開示することを提案しました。

提案を聞いた社長は、「こんな情報を社員に見せて大丈夫なのか、危機感をあおることで社員が辞めたりしないか」などと心配していました。実際に開示すると、「こんな話はじめて聞いた」「これほど業績が悪化していたのか」「うちの会社は大丈夫か」

と業績悪化への懸念を示した社員がいたのは事実です。一方で、「こういった情報開示をもっと早くやって欲しかった」「具体的な数字を聞けて良かった」「何か新しいことをやろう」など、ポジティブな反応を示す社員も数多く出てきました。

業績の低迷が続く企業の社員は、自社の経営状況が悪化していることは誰でも理解はしています。そして、会社がどういう状況なのかの詳しく情報を知りたいと思っているものです。漠然とした不安が広がっている中で、情報を開示しないのは、逆に社員の不安をあおり、事実に基づかない同調バイアスや悪い噂を生み出し、不健全な危機感にもつながっていくのです。

会社のネガティブな情報も含めて、なるべく多くの経営情報をオープンにすることは、経営に対する信頼感や安心感につながります。「このままではまずい、何かしなければならない」という変革への火種にもなり得るのです。

以上のことから、ＳＴＥＰ２では経営戦略をストーリーとして伝えていく中で、過去から現在までのネガティブな情報や厳しい業績結果を説明します。併せて将来に向けたストーリーを伝えていく中で、「このまま何もしなければどうなるのか」、経営者が想像する最悪の状況を明確に伝えておきます。そして、経営と現場の情報格差を埋め、双方の目線を同じレベルに合わせながら健全な危機感を醸成していきます。

ポイント② 正しい上意下達を実践する

日本企業の職場で上意下達というと、組織のトップが指示命令で社員を動かし、社員は言いたいことがあっても何も言えず、ただその指示命令に従うだけ。どちらかと言えばネガティブなイメージに受け取られる傾向にあります。

しかし、本来あるべき正しい上意下達は、「上位の者の意図や意向が下の者に正確に伝わる」「上に立つ人の意見や考えを円滑に伝える」という重要な意味を持っています。

カスケードダウンのSTEP2では、5つの情報の伝達を通して経営戦略への理解を深めていきます。その際、実践するのが、この「正しい上意下達」です。


「今はとにかく利益確保だけを考えてほしい!」

「もっとお客様の立場に立って考えよ!」

「なぜチャレンジをしないのだ!」

「コストを下げることを最優先に取り組め!」


これはある企業の経営者が日頃から全社員に発していたメッセージの一部です。

どれも正しいことを言っているのですが、

「社長はどれもが最優先でいちばんだと言っているが、忙しくて時間もない中で何でもかんでもやれと言われても困る」

「うちの社長はいったい何がしたいのか、毎日言っていることが変わって、現場は常に振り回されている」

聞いた社員は、そんな捉え方をしてしまっていたのです。

しかし本当に社長が伝えたかったのは、「厳しい経営環境をみんなで乗り切り、何とか会社を存続させていきたい」という強い思い。その思いが高じて、会社で起きているさまざまな問題や課題に対して厳しい指示を出していたのです。

ところが、社長の意図や意向が十分に伝わっていなかったために、社員は社長の発言の一部を取り上げ、悪しき上意下達とばかりに、「社長は言っていることがころころ変わる」「結局、社長は何をしたいのかわからない」と感じてしまっていました。

経営の考え方に対する誤解や混乱を避けるためにも、STEP2では、正しい上意下達によって経営者の意図や意向をしっかりと理解してもらうことが重要なポイントとなります。

ポイント③ 経営戦略への理解のもとに権限を委譲する

低迷が続く企業の社員に、経営者について何か思うことはないかと問うと、次のような不満が出てきます。

「責任をもって仕事をしているのに、いちいち関与してくる」
「以前よりも管理が厳しくなり、思うように仕事が進まない」
「もっと現場に権限を委譲し、自由に任せてやらせてほしい」

こうした社員の声を伝えると、経営側からは次の返答が返ってくるのです。

「かつては現場に権限を持たせていた時期もあったが、思うように結果が出ておらず、目標も未達を繰り返すばかり。そこで権限を経営に集中させ、報告会議や検討会議を増やして現場の管理を徹底するようになったのです」

本来は、現場に権限を委譲して自由にやらせた方が経営も現場も負担が減り、意思決定のスピードも早くなります。現場が自律的な行動を起こすことにもつながります。

では、どうすれば現場に権限を委譲することができ、双方の管理負担もなくすことができるのでしょうか。

それは**現場が「経営の意を汲んで動く」状態になる**ということです。

そもそも、経営が現場の権限を奪うのは、経営の考えがしっかり伝わっていないために起きた「意図通りに動かない」というのが理由です。経営の意図がわかっていない現場に、意思決定は任せられないという理由なのです。

そこで、STEP2の経営戦略への理解によって、「これなら任せても大丈夫だ」と言えるほどに、経営が何をしたいのかをしっかり伝えるのです。そして、現場に権限を戻し、細かい意思決定への関与や監視をなくすことで、双方の負担が格段に減り、意思決定スピードが速まるようになるのです。

もう一つ留意していただきたいことがあります。「結果が出ない」や「目標未達が繰り返される」ことの根本原因は「結果の出ない仕事」「目標達成が困難な仕事」を続けていることです。本来やるべきは、「儲からない仕事」をやめて、経営戦略に基づいて「儲かる仕事」に注力していくことです。

企業で行われている経営管理には、「儲からない仕事」を「儲かる仕事」へと変える「変革の仕組み」ではなく、「儲からない仕事」を続けて、無理矢理結果を出させようとする傾向が非常に多くみられます。

カスケードダウンは、まさにこの「儲からない仕事」を「儲かる仕事」へと変革する仕組みであり、このSTEP2は変革のための経営戦略を浸透、定着させる取り組みなのです。

変革のための経営戦略を社員に浸透、定着させることで、その下位概念である戦術や具体策を現場に権限委譲し、経営戦略の範囲内で自由に検討を進めてもらいます。経営戦略の理解の下に権限委譲を行うことが業績向上や企業成長につながるのです。

ポイント④ 全体最適の視点を持ってもらう

低迷が続く企業を見ていると、業務の中にさまざまな現象が起きていることがわかります。例えば「過剰な会議や報告資料」「部門間における責任の押し付け合い」「何度も繰り返される社内調整」といったものです。こうした無駄や不毛な争いが積み重なることで、時間的コストがかさみ、意思決定が遅れ、競争力にも大きな影響を与えてしまうのです。

問題は、さまざまな非生産的な仕事に関して、社員のほとんどが「無駄」と認識しながら仕事に関わっていることです。

なぜ誰もが無駄だと自覚しながら、非生産的な仕事に労力をかけてしまうのでしょうか。

実は、このような無駄が繰り返されることの根底にあるのが、現場の社員の「部分最適の視点」です。組織の一部門で働く社員は、基本的に自分の業務範囲が決まっていて、限られた範囲の中で、最優先で取り組むミッションが決まってきます。例えば、営業部門であれば売上目標の必達、生産部門であれば納期厳守、調達部門であればコスト削減といった具合です。

ところが、それぞれの部門が自分のミッションを達成しようとすると、部門にとっては最適でも、会社全体では最適ではない状態になることがしばしば起きるのです。

ある商社では、大型プロジェクト案件を進める中で「目標を達成することが最優先」の営業部門と「損失やリスクを抑えることが最優先」の審査部門が対立し、審査が進まない状況が続いていました。しかし、数週間経っても結論が出ないうちに、プロジェクトのクライアントが業を煮やし、ついに案件が流れてしまったのです。

営業部門も審査部門も、それぞれの主張は間違ってはいませんでした。しかし、ここで果たすべき会社のミッションは「案件の採算性とリスク許容度を踏まえ、会社として速やかに結論を出し、顧客の信頼に答えること」だったのです。それぞれの部門が会社全体のミッションではなく、自部門にとって最適なミッションに縛られて時間ばかりをかけてしまった結果、案件は流れ、顧客からの信頼を失うという、会社にとって大きな損失につながってしまいました。

部分最適が生む損失を避けるために、経営は何をすれば良いのでしょうか。

重要なポイントは、すべての社員に「全体最適の視点」を持ってもらうことです。全体最適の視点とは、組織で働く一人ひとりが高い視点から会社全体を見渡し、会社のために優先すべきことは何か、あるいはやめるべきことは何かを考えて、日常業務を優先度の高い取り組みに最適化する能力です。

全体最適の視点で考える能力は、常に全体を見ている経営者でない限り、そう簡単に身につくものではないでしょう。しかし、STEP2の取り組みの中で経営戦略のさまざまな情報に触れ、会社全体のことを考えるようになり、それが習慣化されていくことで徐々に全体最適の考え方が身につくようになっていくのです。

より多くの社員が全体最適の視点を持つことで、意思決定のスピードは格段に向上し、企業は生産性の高い組織に生まれ変わり、競争力の向上にもつながっていくのです。

ケース4 「中期経営計画を腹に落とす」（商社C社 136ページより続く）

大手商社のグループ子会社であるC社は、経営戦略に対するさまざまな問題点が出てきた中で、経営企画、営業、管理の各部門の部長層を対象にカスケードダウンのプログラムをスタート。一日目のＳＴＥＰ1では、自己紹介により参加メンバーの距離を縮めるとともに、C社が抱えるさまざまな課題を整理していきました。

STEP2

二日目は「経営戦略の理解」というテーマで、事前に準備しておいた中期経営計画に関するデータや資料を使い、C社の経営戦略について経営企画部長が説明し、その後に意見交換を行いました。

議論が始まりさまざまな意見が飛び交うと、次第に見えてきたのは、部長層の誰もが抱いていた「グローバル展開」に対する違和感でした。

国内市場が低迷する中で、部長層の誰もがグローバル市場への拡販の必要性は理解していたものの、「どこの国に」「どの商材で」「何年後に」「売り上げの何%を移行するか」などのロードマップがないために、グローバル展開の具体的なイメージを持てているメンバーが誰もいなかったのです。

議論を通じてもう一つわかってきたのが、そのロードマップをつくる当事者は、実は部長層だったということでした。

経営から部長層へは常に、「中計達成に向けて具体策を考えよ」と言われていました。しかし、それが「部長層が集まって一緒にロードマップをつくる」ことだとは誰も想定していなかったのです。今回、経営企画部長とのやり取りを通じて、はじめて部長層にそれを期待しているということが明らかになったのです。

部長層は、半日ほどかけて、各自が考えるグローバル展開のイメージをホワイトボードに描き、それぞれの認識の違いや共通点のすり合わせを行いました。普段は、担当事業を進めるだけの部長層でしたが、会社全体の戦略を議論することで、自然と視点が高まり、視野が広がり、経営目線の醸成につながっていきました。そして、議論を尽くし会社として目指すグローバル展開のストーリーをつくり上げました。

併せて、今後各部が何をすればグローバル展開が実現できるのか議論を深め、経営戦略と各部門が担うべき新たな役割を共有しました。

これまでもC社では、半期ごとに方針説明会が開かれ、経営側は再三グローバル展開についての重要性を伝えてはいました。しかし、誰がいつまでに何をするのかといった具体的な議論をせず、経営戦略を細分化していく仕組みがなかったために、何も進まないまま今日まで来てしまっていたのです。

今回あらためて部長層を中心に議論の場を設定したことで、絵に描いた餅であった中期経営計画に各部の具体策が加わりました。これから海外に進出する取引先向けに自社ソリューションを提供することを中心に、経営戦略は一気に進むようになっていったのです。

194ページのケース⑤へ続く

第6章

STEP3 経営戦略を細分化する

STEP3「経営戦略を細分化する」の進め方

STEP3は、カスケードダウンの最終段階である「経営戦略の細分化」を進めていきます。

経営戦略の細分化とは、経営戦略を理解した社員が、その戦略を実現するための自分自身の新たな役割を認識し、その役割を全うするために必要となる自身の課題を設定するプロセスです。

この経営戦略の細分化の取り組みによって、社員は、自分自身の業務を業績向上や企業の成長につながる業務へと変えていくためのスタートを切ることとなります。

具体的な内容は次の4つの項目からなり、一日程度をかけて進めていきます。

４つの項目のうち「１．細分化に向けた全体像を示す」と「４．最後の確認」については上位層メンバーがリード役として進めます。「２．新たな役割に向けて課題を設定する」と「３．実行推進体制について議論する」は推進チームがファシリテーションを行いながら、メンバー全員で議論を交わして進めていきます。

カスケードダウンの取り組みはこのＳＴＥＰ３で終了となり、メンバーは各自の職場に戻って、新たな役割と課題に基いて戦術の策定と実行を進めていきます。

図表 6-1　STEP 3「経営戦略を細分化する」の流れ

1. 細分化に向けた全体像を示す

2. 新たな役割に向けて課題を設定する

3. 実行推進体制について議論する

4. 最後の確認

1. 細分化に向けた全体像を示す

ＳＴＥＰ２の最後で「経営戦略と日常業務がどのようにつながるのか」、すでにメンバー内で話し合いを行っていますが、ＳＴＥＰ３では、そのイメージをより具体的な役割に落とし込み、メンバー全員の新たな役割として確定させていきます。

メンバーは経営戦略の内容を理解しているとはいえ、経営の立場に立って全体を見る経験をしていません。白紙の状態で経営戦略の細分化を判断することは難しいため、経営があらかじめそれぞれのメンバーに期待する新たな役割が示された細分化の全体像を準備しておいて、それをたたき台としてメンバーに示しておきます。

この細分化の全体像を示すにあたっては、全体像の根拠となるデータや分析ツールなどを事前に準備しておきます。

データ例

既存事業の製品やサービスごとの収支状況、費用の内訳、人員構成などのリソースの状況に関するデータ。

分析ツール

分析ツールはPPM（Product Portfolio Management）分析を活用します（**図表6-2**参照）。

PPM分析とは、「市場成長率」と「市場占有率（シェア）」という2つの軸で自社が保有する事業や製品、サービスを「問題児」「花形」「負け犬」「金のなる木」という4象限に分類し、戦略的に意思決定を行っていくための分析ツールです。このPPM分析によって自社の事業や製品、サービスの中で、どの領域を強化し、さらにどの領域からどの領域にリソースをシフトしていくのか、またどういった領域の事業を撤退・縮小させていくのかなどを分析していきます。

図表 6-2　PPM分析

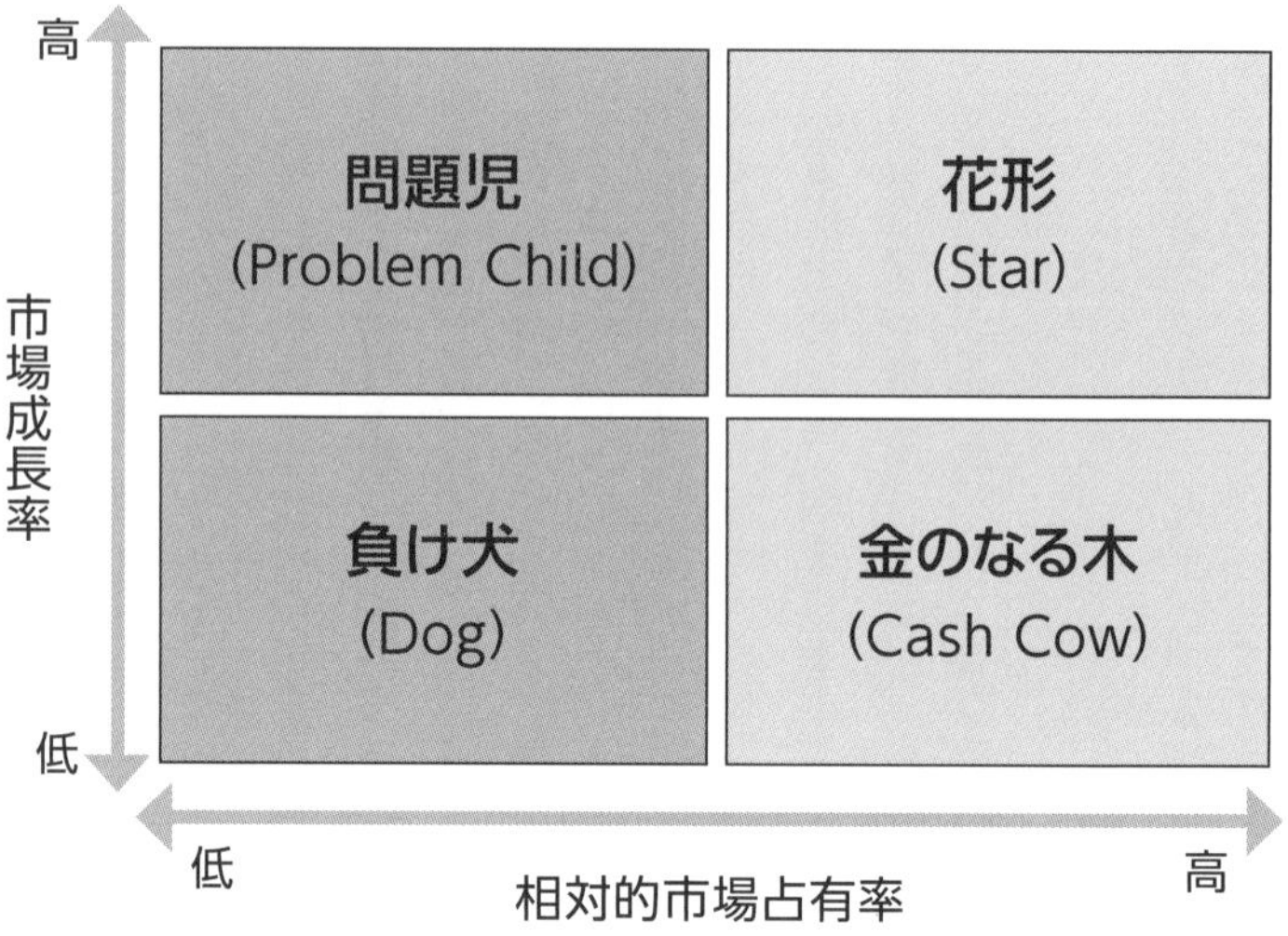

出所：水越 豊『BCG 戦略コンセプト』（ダイヤモンド社、2003）

問題児	市場成長率は高いが市場占有率が低いために利益が出しにくい事業
花形	市場成長率および市場占有率ともに高く、利益が得られやすい事業
負け犬	市場成長率も低く市場占有率も低いために利益が出ない事業
金のなる木	市場成長率は低いが市場占有率が高いため安定した収益が得られる事業

この事業別のデータやＰＰＭ分析の結果などを用いながら、各事業が会社全体の収益にどのような影響を与えているかを示し、それを基に、各事業の新たな役割がどうあるべきかを示していきます。

間接部門や管理業務部門は収益を生み出さないコストセンターであるため、人件費やその他経費などの業務コストのデータを用いながら、コスト削減や業務の効率化を中心に、新たな役割がどうあるべきかを説明していきます。

戦略ヒエラルキー図

一連のデータや分析ツールを活用すると

図表 6-3　経営戦略の実現に向けた新たな役割

問題児	商品サービスの付加価値向上に向けてリソースを投入し市場シェアを高める
花形	リソースを継続的かつ積極的に投入し市場シェアや競争力の維持向上を図る
負け犬	事業からの撤退や売却を進めてリソースを他の事業に振り分けていく
金のなる木	市場シェアは維持しつつもリソースや利益は他の事業に振り分けていく

ともに、経営戦略の細分化の全体像については、**図表6-4**のような経営戦略のヒエラルキーイメージを作成しておき、それを活用しながら説明を行っていきます。

図表 6-4　経営戦略のヒエラルキーイメージ

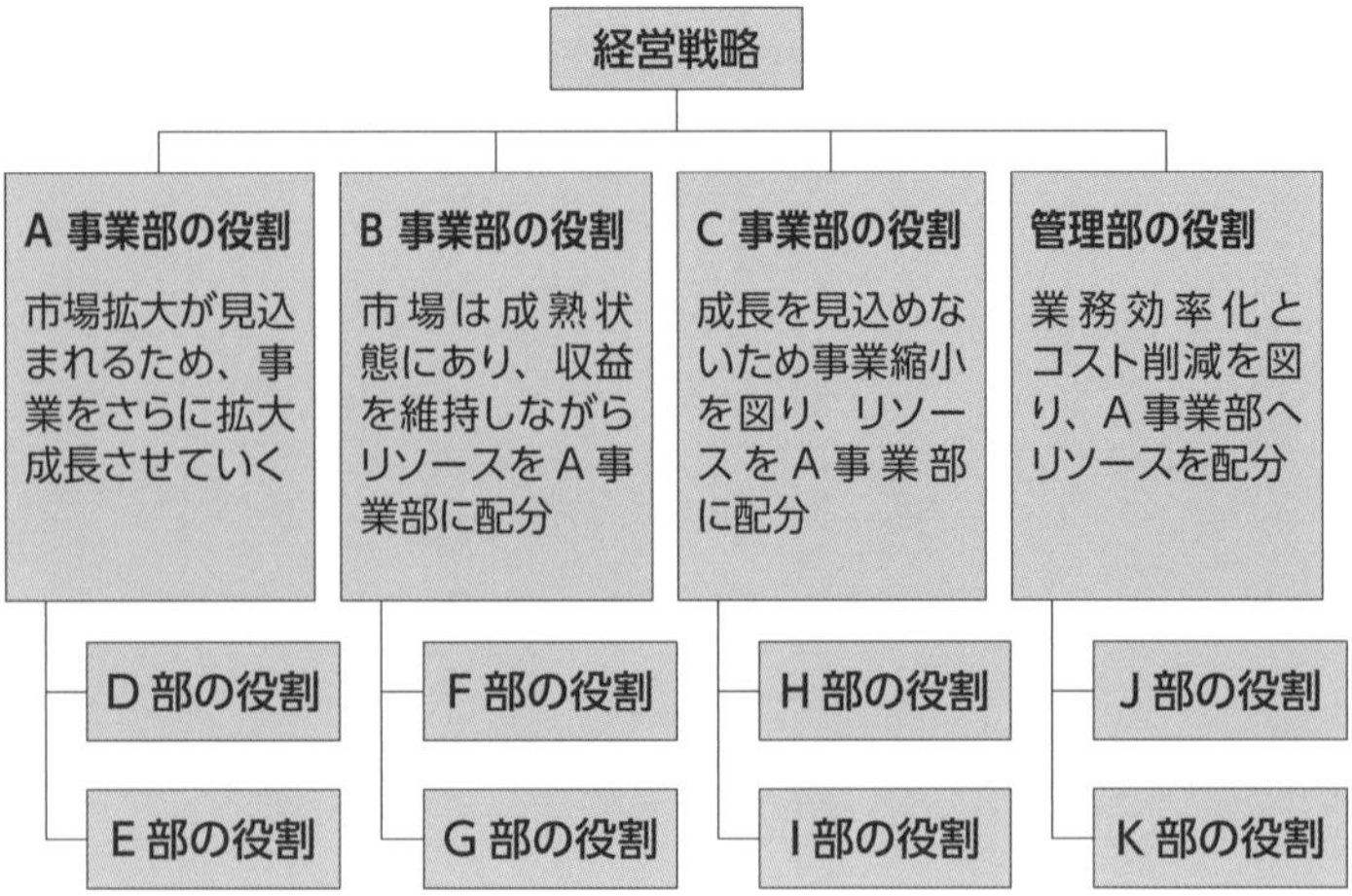

2. 新たな役割に向けて課題を設定する

経営戦略の細分化の全体像を示し、既存の事業部門、管理部門、その他部門に求められる新たに役割について、メンバーが大枠を理解できたら、次にその新たな役割を担っていくためにどのような課題に取り組んでいく必要があるのかを議論し、それぞれのメンバーが取り組んでいくべき課題を設定します。

課題設定を進める上では、まず課題の種別を「売上拡大に向けた課題」と「コスト削減に向けた課題」の2つの領域（**図表6-5**参照）に分けておきます。そして、それぞれの新たな役割がどちらの領域に注力していくべきかを見極めながら、これから取り組むべき課題について議論を進めていきます。

この課題設定を行う中で、成長が見込まれる「問題児」や「花形」の事業は、基本的に「売上拡大に向けた課題」を中心に課題を設定していきます。一方の今後成長が見込めない「負け犬」や「金のなる木」の事業ですが、ここでは一つ注意が必要となります。

成長が見込めない事業は、たいていの場合、市場が成熟し競争も激しい状況に置かれており、現状以上に売り上げを増やすことは基本的に厳しく、困難な状況にあります。

そして、そういった売上拡大が困難な状況であるにも関わらず、多くの企業を見る

図表 6-5 「売上拡大に向けた課題」と「コスト削減に向けた課題」の2つの領域

売上拡大に向けた課題	コスト削減に向けた課題
・市場調査、マーケティング	・生産プロセスの改善
・新商品や新サービスの開発	・仕入れ・調達の見直し
・新規事業開発	・在庫管理の改善
・既存事業の付加価値向上	・物流コストの見直し
・グローバル市場への進出	・業務のアウトソーシング
・新規市場、新規顧客の開拓	・業務のデジタル化・自動化
・プロモーションの見直し	・データの一元管理
・事業の買収・M＆A	・事業の撤退・売却

と「営業効率を上げながら何とか努力して売り上げを伸ばしていく」や「事業を生き残らせるために徹底的にコスト削減しながら1円でも多く利益を捻出する」ことを目指して、全力を尽くしているのです。

しかし、それらの施策は、事業単体で見れば最適であるものの、企業全体で見れば決して最適とは言えないこともあります。

例えば「金のなる木」に分類される事業は、市場におけるシェアは高いものの、今後の成長は見込めないため、「何とかがんばって売上拡大を図る」必要はありません。「コスト削減に向けた課題」の領域を中心に「業務プロセスの見直し」や「業務のデジタル化」「アウトソーシング化」といった業務改革に取り組み、なるべく少ないリソースで高い収益を維持確保しつつ、余剰のリソースは成長事業に振り分けていくことを目指します。それが会社全体にとって最適な判断となります。

「負け犬」に分類される事業は、「コスト削減に向けた課題」に取り組む中でも、「生産プロセスの改善」や「仕入れ・調達コストの見直し」といった改善ではなく、事業そのものから撤退する、あるいは他社に譲渡するといったことを進め、速やかに成長事業にリソースを移転することを目指すようにします。それが会社全体のコスト削減につながり、全体最適な判断となるのです。

これまで、「事業からの撤退売却」や「他の成長分野にリソースを譲る」といった仕事は敗戦処理のような後ろ向きの業務と捉えられ、現場の社員にとっても積極的に取り組める仕事ではありませんでした。しかし、事業の現状を踏まえ、会社にとって何が全体最適なのかを考えれば、後ろ向きの仕事も、会社にとっては「儲かる仕事」となるのです。

成長が見込めない事業に関わる社員は、会社全体の利益は何かを理解し、後ろ向きな仕事でも「儲かる仕事」として捉えて、注力していくことが必要なのです。

以上の点を踏まえながら、それぞれのメンバーの新たな役割に応じた課題を設定していきますが、最後にもう一つ注意しておくことがあります。

カスケードダウンで設定した課題は、参加メンバーがさまざまな部門から横断的に集まって進めているため、それぞれの部門内や現場内における合意形成は図られていません。したがって、個々の課題については、カスケードダウンが終了した後、それぞれの部門や現場に戻ってすり合わせを行い、あらためて合意を図っておく必要があります。

3．実行推進体制について議論する

経営戦略の達成に向けた新たな役割と課題を設定できたら、次にカスケードダウン終了後の「実行推進体制」について議論していきます。

現在、多くの日本企業では、業務量に対し慢性的に人手が不足しています。新たに何か課題に取り組もうとしても中々時間が取れないのが実情です。さらには長時間労働の削減やワークライフバランスの重視といった働き方改革が求められている中で、時間の確保が取り組みを進める上での最大のネックとなっています。

そのためカスケードダウン後の実行体制については、経営側が一方的に決めるのではなく、現場が主体となって議論を行い、現場の実情に合わせた意見やアイデアを引き出したり、現場の声を反映していくことがポイントです。

議論の進め方

実行推進体制については、「推進体制」と「時間の確保」の2つの案を議論していきます。

1 推進体制（案）

まず推進体制（案）ですが、基本的には経営企画部が主管部門となり、現場の活動を支援していきます。また推進チームは、引き続き現場内での推進役として取り組みをサポートしていきます。

経営戦略の細分化によって設定された課題や取り組みは、基本的に「部門内完結型プロジェクト」か「組織横断型プロジェクト」のどちらかに分かれます。

例えば、業務の効率化などのテーマで、部門内で完結する課題の場合は部門内完結型プロジェクトとして進めます。新規事業や商品サービスの開発や改善は、営業部門と開発部門との組織横断型プロジェクトとして進めるようにします。


組織横断型プロジェクトの場合には、カスケードダウンの取り組みが終了した後に、あらためてどのようなチームを組成して推進していくかを決める必要があります。


実行推進体制について議論を進める中で、しばしば「自分たちは当事者として関わらず、専任の組織を設けて任せるべき」という意見が出てくることがあります。

確かに、本業で忙しい社員にとっては、新たな役割の時間を十分に確保することは困難であり、取り組みが中途半端になってしまうリスクがあります。それを避けるためにも、専門部隊を設ける方が、取り組みに専念できるというメリットはあります。

しかし、本書でも繰り返し指摘している通り、圧倒的に成長が遅れている日本企業が、その遅れを取り戻し、競争力を回復させるためには、全社員が変革に取り組み、人・モノ・金・時間を速やかに最適配分し、変革の質・量・スピードを上げていかなければなりません。

そして何よりも、全社員が変革を他人ゴトにせず取り組むことが、同じベクトルのもとに協働関係を築くことにつながります。協働関係の中で、多くの知恵とアイデアを生み出すことが、より良い結果をもたらします。そのため、全員参加で推進していくことが望ましいのです。

2 時間の確保（案）

次に時間の確保（案）ですが、ほとんどの社員は既存の業務を抱える中で、多くの時間をプロジェクトに使うのが難しい状況です。基本的な考え方としては**「業務時間の最低2割を新たな役割のために使う」**ことを一つの目安に、取り組みを進めていきます。

また既存業務で、これまであまり生産的ではなく、無駄となっていたような会議や打ち合わせがあれば、その時間を転用して、経営戦略を実現するための建設的かつ生産的な会議としていくことも進めるようにします。

このように組織全体で何とか2割以上の時間を確保し、変革の質・量・スピードを上げていくようにしていきます。

最終的な実行体制については、すべてのメンバーの意見を集約した上で、その内容を経営企画と推進チームが取りまとめ、経営が指針を出すようにします。

4. 最後の確認

「実行推進体制」について議論ができたら、STEP3の最終段階として「最後の確認」を行います。最後の確認とは、簡単に言えば「やり残したことはないか」「このまま実行に移って良いか」を確認するということです。

カスケードダウンでは、これまで3つのステップを通じて経営戦略を細分化し、社員一人ひとりの変革のベースをつくり上げてきました。

それと同時に、「諦め感や失望感」「経営戦略への不納得感」「自身の将来が見えないことへの不安」といった、社員の主体性や本気度を抑制している要因を取り除くことを進めてきました。

このプロセスを踏んだことで、基本的には、「変革を阻害している要因」が社員の中からは取り除かれ、あとは新たな役割に向けて、前を向いて変革に取り組む状態となっているはずです。しかし、変革を妨げる要因が１００％消えたわけではありません。

例えばある企業では一部のメンバーの中に「上司が協力してくれるか不安だ」や「本当に社長は本気なのか」など、直属の上司や経営に対する不信感が、変革の阻害要因として残っているケースがありました。

このような阻害要因をそのままにして、変革に向けた行動を社員が起こせなければ、ここまでの取り組みも無駄に終わってしまいます。そのため、「最後の確認」によって、「他に変革を阻害する要因はないか」「最終的に主体性を持って本気で取り組めるかどうか」を確認しておく必要があるのです。

確認した結果、新たな阻害要因が出てくるようであれば、メンバー内で話し合いを行い、対応策を考えます。ケースによって次節で説明する「経営のセーフティネット」

で対応できるようであれば、それを活用するようにします。

この「最後の確認」で特にメンバーから意見もなく、誰もが前に向いて進んでいけることが確認できれば、そこでカスケードダウンのプログラムは終了し、実行フェーズに移ります。

STEP3の効果を上げるための2つのポイント

前節までSTEP3の具体的な流れを説明してきましたが、本節以降ではSTEP3の効果をより上げるために押さえておくべき2つのポイントを説明していきます。

ポイント① 経営のセーフティネットを設ける

経営のセーフティネットとは、カスケードダウンによって設定された新たな役割や課題を、社員一人ひとりが安心して取り組めるようにするための仕組みや制度を指します。

経営戦略の細分化の議論を進めていると、メンバーからはしばしば不安の声を聞くことがあります。その不安とは、「課題を進めていく自信がない」や「知識やスキルが不足している」などの取り組みそのものに対する不安ではありません。取り組みの中で何か問題が起きたときに、「上層部や周囲がちゃんと協力してくれるのか」や「人事評価が下げられるなどの影響はないのか」といった外圧的な要因による不安です。そうした不安を抱えながら細分化による課題を設定していくと、あまり思い切った課題に挑戦しようとはせず、なるべく失敗やリスクを冒さないような無難なテーマに落ち着くことになってしまいがちです。

メンバーがこうした不安を抱える背景には、日本企業特有の組織体質の問題があります。例えば、問題が起きたときに「責任を押し付けられる」や「失敗によって評価が下がる」といったことです。それが社員の心の中に不安を根付かせているのです。

「上層部や周囲から責められる」といった外圧的な不安要因に対しては、何か問題が起きたときには経営層または推進チームが介入してサポートするなどの体制を整えておくことも必要となります。

社員の不安を払拭するための仕組みとしては、「経営のセーフティネット」があります。経営のセーフティネットを設定する際に、まず必要なのが経営からのメッセージです。

「失敗やリスクを冒しても責められることはない」「取り組みの失敗やリスクは評価に影響を与えない」ことを明確にしておきます。このメッセージを社内に向けて発信し、社員が安心して取り組めるような土壌を整備しておくのです。

それに合わせて、リスクの評価基準を設定しておきます。失敗やリスクが許されるとは言え、経営に多大な悪影響を与えるような失敗やリスクは避けなければなりません。そのため、どこまでの失敗であれば許されるのか、具体的な指標（例えばＲＯＩ＝投資利益率）やリスク許容度（投資額に対してどこまで損失を許容できるのかなど）を数値化して示し、「許される失敗」「許されない失敗」の参考事例を示しておきます。

成果を出した社員の人事評価の基準については、既存業務における評価基準と新たな取り組みの評価基準との関係も明確にしておき、既存の人事評価制度との連動を図るようにしておきます。

経営戦略の実現に向けて社員がさまざまな課題に挑戦していく際には、一定の失敗やリスクを伴うものです。社員が思い切ったチャレンジを行っていくためにも、経営が一切の責任を追う姿勢を明確に示しましょう。

ポイント② 人材育成やデジタル化を手段としてつなげる

現在、多くの企業が人材育成やデジタル化に取り組んでいますが、これまでの状況を見ると、現場の社員にとって「そもそも何のためにやるのか」の目的が曖昧で、自分の業務との関連が見出せず、結果、主体的に取り組むことはありませんでした。

しかし、カスケードダウンでは、経営戦略が細分化され、社員一人ひとりが新たな自身の役割を認識します。その役割に基づいて自身が取り組むべき課題が見えてくると、次の段階として、「その課題を解決するために何をすべきか」という手段を考える思考に変化していくようになります。

第1章で紹介した部品製造販売会社であるB社では、将来的にＩＯＴの時代が来るだろうということで、それを経営戦略にも掲げ、社員研修にもＩＴネットワークの研修を導入していました。

ところが、当時の現場では、製品への実装はまだ先のことであるとして、研修を実施しても余程の意識の高い社員でない限り、自ら進んで研修を受講する社員は皆無でした。

そうした中、カスケードダウンが行われ、それぞれの現場で経営戦略の実現に向けた課題検討の議論が行われました。議論を通じて次第にわかってきたのが、ＩＯＴへの取り組みが重要な課題であるにも関わらず、社内にネットワークを構築できる専門のエンジニアがほとんどいないということでした。

この企業では、新たにエンジニアを雇うほどの余裕もありません。何とか自分たちでスキルを身につけるしかないという結論にいたりました。すると、見向きもされなかった研修に続々と社員が参加するようになったのです。

経営戦略の細分化によって、社員が自身の新たな役割や課題を見出すと、次には必ず「どうすればその課題を解決できるか」という思考に切り替わっていきます。

そこに、人育育成の仕組みやデジタル化推進の取り組みなど、従来うまく活用できていなかった仕組みがあれば、それらを課題解決の手段として活用することによって、カスケードダウンはより効果を高めていきます。

ケース5「中期経営計画を実行に移す」（商社C社167ページより続く）

大手商社のグループ子会社であるC社は、経営戦略に対するさまざまな問題点が出てきた中で、経営企画、営業、管理の各部門の部長層を対象にカスケードダウンのプログラムをスタート。一日目のＳＴＥＰ１では、自己紹介により参加メンバーの距離を縮めるとともに、さまざまな課題を整理。二日目のＳＴＥＰ２では、経営戦略の理解を深め、意見交換を行う中で、グローバル展開への挑戦が決まりました。

STEP3

STEP2でC社の部長層は、会社全体として目指すグローバル展開のストーリーをつくり上げ、そのストーリーをベースに各部が何をすれば実現できるのか議論を進めました。STEP3では、各部の課長を巻込みながら経営戦略の細分化を進めることになりました。

ところが、普段から目の前の目標に追われている課長層が、いきなり海外展開に向けた課題や具体策を問われても、なかなか思い切ったアイデアは出てきません。そこで、プログラムをいったん中断し、持ち帰って各現場担当者の意見を収集することにしました。推進チームでは、多くの期待はしていませんでしたが、後日プログラムを再開すると、意外にも多くのビジネスアイデアや既存事業の改善点が集まってきました。

「現在、住宅メーカー数社が海外展開を進めており、現地調達の点で商機があるはず」
「在庫物流のノウハウを活用してタンクオペレーション事業に参入してはどうか」
「次世代の有望商材として電池、除菌、衛生、水素、液晶について情報収集すべきでは」

その他にもさまざまなアイデアが集まり、最終的には数十件ものアイデアが持ち寄られることになったのです。若手社員の意見の中には、「海外展開を本格的に進めるのであれば、全社員がTOEICを受験すべき」といった人材育成に関する意見や「上層部は親会社と距離を置こうとせず、もっと親会社のネットワークや人脈を活用して販路を広げるべき」といった部課長層に反省を促すような意見も出てきました。

部課長層は集まったアイデアを参考に、それぞれの部署の方向性や戦略を議論し決めていきました。C社では通常、月初に部課長会を行っていましたが、かつては課長層がお決まりの予算と実績を険しい表情を見せながら報告するだけでした。しかし、戦略について議論を始めると、「なるほどね」「それいいね」「ちょっと待てよ」と、部課長の誰もが笑顔を見せながら話をするようになったのです。

その後、課長層は部下を巻込みながら戦略の細分化を進めていきました。最終的には、ほとんどの社員が中期経営計画の実現に向けて、自らの新たな役割と課題を持ち、全社員が同じ目標に向けて一体となりながら業績回復に向けたさまざまな挑戦に取り組み始めたのです。

C社では、過去にも同様の取り組みを行いましたが、ほとんどは形式的で表面的なものに終わり、期待するほどの成果にはつながりませんでした。
しかし、経営戦略を細分化するための3つのステップを踏むことで、他人ゴトとなっていた中期経営計画が社員一人ひとりの腹に落ち、誰もが自分ゴトとして捉えるようになりました。同時に、これまで新しいことに挑戦する機会のなかった若手社員が元気を取り戻し、また経営と現場や部門間といった組織内での信頼関係も改善されました。多くの社員が会社と自分の将来に可能性を感じ始め、主体的な行動を起こすようになったのです。

236ページのケース⑥へ続く

第7章

具体策の策定と実行

具体策の策定と実行について

前章までカスケードダウンの3つのステップについて説明をしてきました。次はいよいよ各現場において、課題解決に向けた具体策の策定と実行を進めていきますが、最初に一つ注意しておくべきことをお話しします。

それは、「コスト削減」と「売上拡大」では、それぞれの具体策の策定と実行にかける時間軸に大きな違いがあるということです。

まず、コスト削減ですが、この課題は、ヒト、モノ、カネなどのムダをなくし、経営資源を効率的かつ効果的に活用していく取り組みとなります。どのようなコストを削減するのかを決めて、具体策が決まれば、あとは期限を決め、時間をかけずになるべく早く実行することで、より大きな削減効果を得ることができます。

一方の売上拡大は、コスト削減とは大きく違い、戦略を立てて具体策を実行したとしても、最終的な売り上げにつながるかどうかは顧客や市場次第です。売り上げにつながらなければ再度戦略や具体策を見直し、売り上げにつながるまでＰＤＣＡを継続しなければならないのです。

スピード感重視のコスト削減と時間をかけてＰＤＣＡを継続する売上拡大、２つの課題への取り組みの時間の捉え方は真逆の関係にあります。しっかりと時間の使い方を見極めた上で取り組みを進めていきます。特に売上拡大については、結果を急がせることを避け、相当の時間がかかることを覚悟しながら、粘り強く取り組み続けることが大切となります（詳細は203ページ以降で説明）。

なお本書では課題解決に向けた具体策のつくり方や方法論については省略します。

課題解決を進める上ではさまざまなフレームワークや分析ツールがありますので、それぞれの専門書などを参考にしながら進めてくださ い（**図7-1**参照）。ここからは具体策の策定と実行を進めていく上での大切な考え方やポイントについて説明していきます。

図表7-1　具体策検討のための代表的なフレームワーク

SWOT分析	企業のStrength（強み）、Weakness（弱み）と外部環境におけるOpportunity（機会）、Threat（脅威）の4つの視点を分析しながら、戦略の具体策を検討していくためのフレームワーク
3C分析	Customer（顧客／市場）、Company（自社）、Competitor（競合）の3つの視点から事業の現状を把握し、今後の課題や方向性を検討していくためのフレームワーク
4P分析	製品戦略（Product）、価格戦略（Price）、流通戦略（Place）、販促戦略（Promotion）の4要素からマーケティング活動の方向性や具体策を検討していくためのフレームワーク
ロジックツリー	問題解決や意思決定プロセスを視覚的に整理し、論理的な構造を示すためのツール
バリューチェーン分析	事業活動のどのプロセスにおいて競争優位性やを付加価値を生み出すかを評価するためのツール
QCD	生産管理上のQuality（品質）Cost（コスト）Delivery（納期）の3つの要素を評価しながら、業務改善に向けて具体策を検討していくためのフレームワーク

売上拡大に向けた取り組みのポイント

ポイント① 外部環境依存型から価値創造型へ

「おかげさまで過去最高益を更新することができました」

これはある通信関連企業の経営幹部の発言です。

コロナ禍におけるリモートワークの浸透や巣ごもり需要などで、個人法人問わずネットワーク関連の設備投資需要が大幅に伸び、二期連続の増収増益を達成できたというのです。

またあるメーカーの幹部は「為替が円安に進んだことで輸出が伸び、業績が急回復していています」と安堵の表情を見せながら話をしてくれました。

過去最高益や業績回復を実現できたことで、当然その企業に対する評価が上がり株価も上昇することとなり、経営にとっては安心材料となるでしょう。


しかし、です。

この2社の過去最高益や業績回復は、あくまで外部環境の変化によってもたらされた結果であり、企業の実力や努力による結果ではありません。

長年続けてきた既存の事業において、たまたま起きた外部環境の変化が好材料となり、業績が好転しただけ。企業独自の挑戦や努力によって新たな価値が生み出され、それが顧客や市場に評価され、好業績につながったわけではありません。何も変えないいまま事業を続けていれば、次に外部環境が反転したときには、必ず業績も悪化していくはずです。

日本経済は「失われた30年」と言われていますが、その間、短期的な外部環境の変化によって景気は常に上昇と下降の波を繰り返してきました。景気循環の波の中で、日本企業は大きな売上成長は実現できずとも、得意のコスト削減によって利益を捻出できたことで、借入などの債務を減らしながら、莫大な内部留保を積み上げることができたのです。

ところが30年という長いスパンで見ると、日本企業では利益を出すための構造変革は進んだものの、新たな価値創造による事業変革やビジネスモデルへの転換が進みませんでした。気がつけば、グローバル競争の中で、日本よりも変革のスピードが早い海外勢に対して周回遅れの状況に陥ってしまっていたのです。

もちろん過去30年間、日本企業が何も努力してこなかったわけではありません。新規事業の開発やビジネスモデルの転換を狙ってさまざまな努力を続けてはきました。

それでも努力が実を結ばなかったのは、新たな価値創造への挑戦が、片手間の取り組みとして進められてしまったことが大きな要因としてあるのです。

日本企業が今後、復活を遂げ、売上拡大を図るには、新たな価値創造への挑戦を経営のメインテーマとして掲げ、そこにリソースを投入しながら挑戦の「質」「量」「スピード」を上げていくことが重要となるのです。それがグローバル競争の遅れを早期に取り戻すことにつながっていくことになるのです。

ポイント② 新たな価値の見つけ方

「新たな価値創造に向けて、挑戦の質・量・スピードを上げなければならないのは重々承知しているが、今や世の中はモノやサービスがあふれ、市場は成熟期に入っている。モノをつくっても簡単には売れない。新たな事業やビジネスの創造は簡単ではない」

こう考えている人は多いのではないでしょうか。

もちろん、かつての大量生産、大量消費の時代は終わりを告げ、今は簡単には物が売れない時代であるというのは理解できます。だからといって、世の中から市場が消滅するなどということは決してありません。

かつて私が社会人になって銀行に就職し、最初の研修で教わったある言葉がありま す。それは、「人が存在している限り市場は無限である」ということです。

人には生活の基盤として衣・食・住があり、その上に「食欲」「財欲」「色欲」「名誉欲」「睡眠欲」という5つの欲を抱えながら日々を暮らしています。

確かにモノやサービスがあふれることで欲求は満たされているかもしれませんが、それはあくまで一時的なものであって、人の欲求というものは一度満たされても、また次なる欲求が生まれてくるのです。

そして、その新たな欲求が続く限り、市場は無限に続くのです。

では、どうすれば新たな価値を見つけられるのでしょうか？　まずは日々の生活や社会全体を見渡しながら、人や企業、社会の中で、「満たされていないものは何か」を探していきます。そして、その「満たされていないもの」を「満たしていく」ための課題を設定するのです（**図表7-2**参照）。

そして、課題を解決する上で自社の持っている技術力や開発力、あるいはノウハウなどの強みが生かせるかを検討します。試行錯誤を繰り返しながら課題解決の手段として商品やサービスを見出していくことで、新しい価値を創造していきます。

例えば、ユニクロと東レが共同開発したヒートテックという素材があります。これは真冬の外出がとても寒い中、厚着をして汗をかきたくない、着心地が悪くなるのを避けたい、そんな満たされない人の欲を、「温かくする」「汗を吸収する」「着心地を良くする」といった課題に変えて解決したのがこの素材です。課題を解決し、人々の

図表 7-2 「満たされていないもの」を「満たしていく」という課題に変える

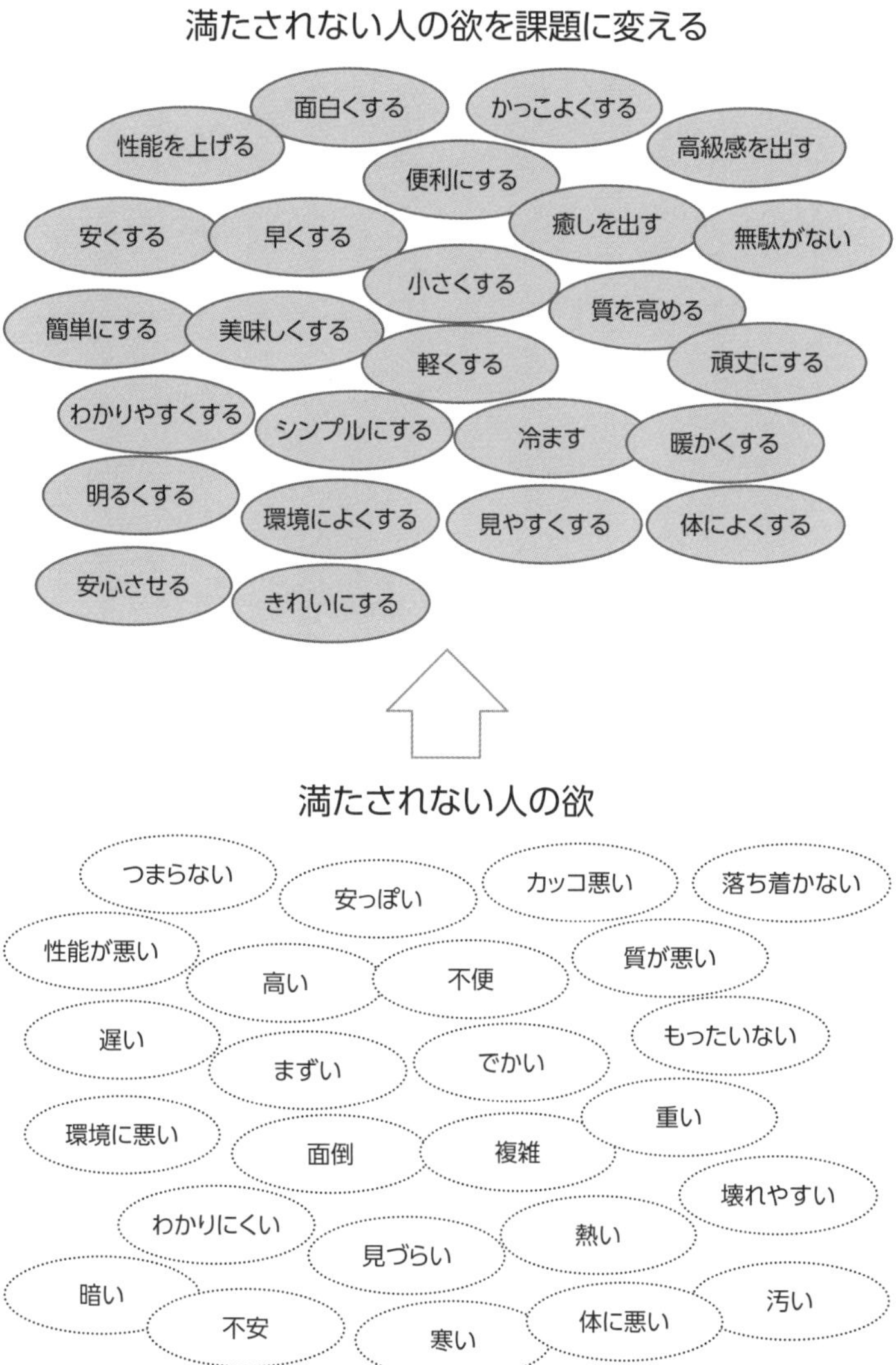

欲を満たしたことが大変な価値につながり、大ヒットとなったのです。

日本は今、市場が成熟期に入っていますが、一方で課題先進国と言われています。人口減少、少子高齢化、経済格差、自然災害、環境汚染、エネルギー不足、労働力不足、医療・介護の問題、インフラの老朽化など、さまざまな問題が山積しています。これらの社会問題を含めて、まだまだ人々の満たされない課題は無限にあり、新たな価値を見つける余地も無限に広がっているのです。

ポイント③「顧客が買った理由は○○だった」を想像する

満たされない人の欲を満たしたり社会が抱える課題を解決したりするために、他のどこの企業にもまねできない新たな価値を備えた商品やサービスを開発し、満を持して販売を開始しても、最終的にその商品やサービスに価値があるかどうかを決めるのは、すべて顧客や市場です。実際多くの企業は、売れるだろうと思って売り出したも

の の、 まったく売れなかったという話は山ほど転がっているのが現実です。

売上拡大に向けてしっかりと考えなければいけないのは「お客さんは○○の理由があったから買ってくれた」の○○に入る言葉を、お客様の立場になって徹底的に想像を巡らすということです。

私たちが普段から、商品やサービスを買う際には必ず「理由」が伴います。例えばアップルのｉＰｈｏｎｅを買う人は「デザインがシンプルだから」や「機能が使いやすいから」などの理由があり、トヨタのプリウスを買う人は「低燃費で経済的だから」「故障がなさそうだから」「トヨタだから」といったように、何かしらの理由が必ずあるのです。

一方で、市場調査を行ってそれを分析し、企画を立てた段階で、「おそらくお客さんは『品質が素晴らしい』『機能が充実している』『デザインが優れている』といった価値を認めて購入してくれるだろう」といった仮説を立てて市場に出しても、期待通りになるとは限りません。実際には「口コミを見てそこそこの評価がついているから」「とにかく安ければ何でもよい」「みんなが買っているから大丈夫だろう」といった具合に、想定とはまったく違う別の理由で買われていることもあるのです。

そうした想定違いが起こる可能性を踏まえながら、最初に商品やサービスの企画段階で、なぜそれが売れるのか、その理由を取りあえず仮説として設定します。

開発が進んで、具体的な形が見えてくると、時間の経過とともにモノの見方や尺度も変わってくることがあり、企画当初の仮説がしっくりこないこともあります。

そこで、当初想定していた理由で本当に売れるのかを最終的にもう一度検証しながら確認し、必要であれば修正しておく必要があるのです。

そこから顧客とのコミュニケーションを通じて商品サービスの提供価値をしっかりと伝えていきます。テストマーケティングや広告キャンペーンによる検証も行いながら、最終的にプロモーションをしっかりと行って販売拡大につなげて行くのです。

コスト削減に向けた取り組みのポイント

これまで日本企業のコスト削減は、トヨタ生産方式やカイゼンといった言葉が世界でも有名になるほど、実績を積み上げてきました。しかし、日本企業にはまだまだ無駄が数多くあります。その無駄の最大の要因が「取り組むべきコスト削減の選択と集中ができていない」ということです。

ある企業の事業部で実際に行われたコスト削減の議論ですが、その内容を聞いてみると、「業務システムの改善」「業務プロセスの見直し」「職場内の整理整頓の徹底」「ペーパーレス化の促進」「業務会議の効率化」など、全方位のコスト削減テーマが挙げられていました。

確かに、課題一つひとつが、コスト削減につながっていくことは理解できます。しかし、働く社員はただでさえ忙しい日常業務をこなしながら、そこにプラスして数々の課題に取り組まなければなりません。すべての課題をクリアするためには相当な負担が生じる懸念がありました。社員の不安が渦巻く中、その事業部は担当者を決め、具体的な日程やゴールを定めて走り始めました。

案の定……、といえばそれまでですが、取り組みの結果は芳しくないものでした。どの課題も中途半端なまま進み、決算期が近くなると、目の前の目標に追われ、業務の効率化どころではなくなりました。どの取り組みも道半ばで頓挫し、自然消滅していたのです。

忙しい従業員に負荷をかけてまで、コスト削減に取り組む際には、最初の段階で取り組むべき課題の選択と集中を図り、絞り込んでおくことが必要です。

選択と集中でまず考えるべきことは、そもそも何のためにコスト削減や業務の効率化をするのか、「最終の目的」や「最終ゴール」を確認しておくことです。

選択と集中する項目を確認する際には、コスト削減の項目が最終の目的に直接影響を与えるのか、あるいは間接的に影響を与えるのかを縦軸におき、また目的に対する貢献度が高いのか、あるいは低いのかを横軸に置いて4象限を構成します。そして、議論して抽出した課題を（**図表7-3参照**）その4象限にプロットしていきます。

そして最終の目的に対し、もっとも直接的に影響を与え、なおかつ最も貢献度の高い領域にある課題を特定し、それを取り組

図表 7-3　課題を4象限にプロットする

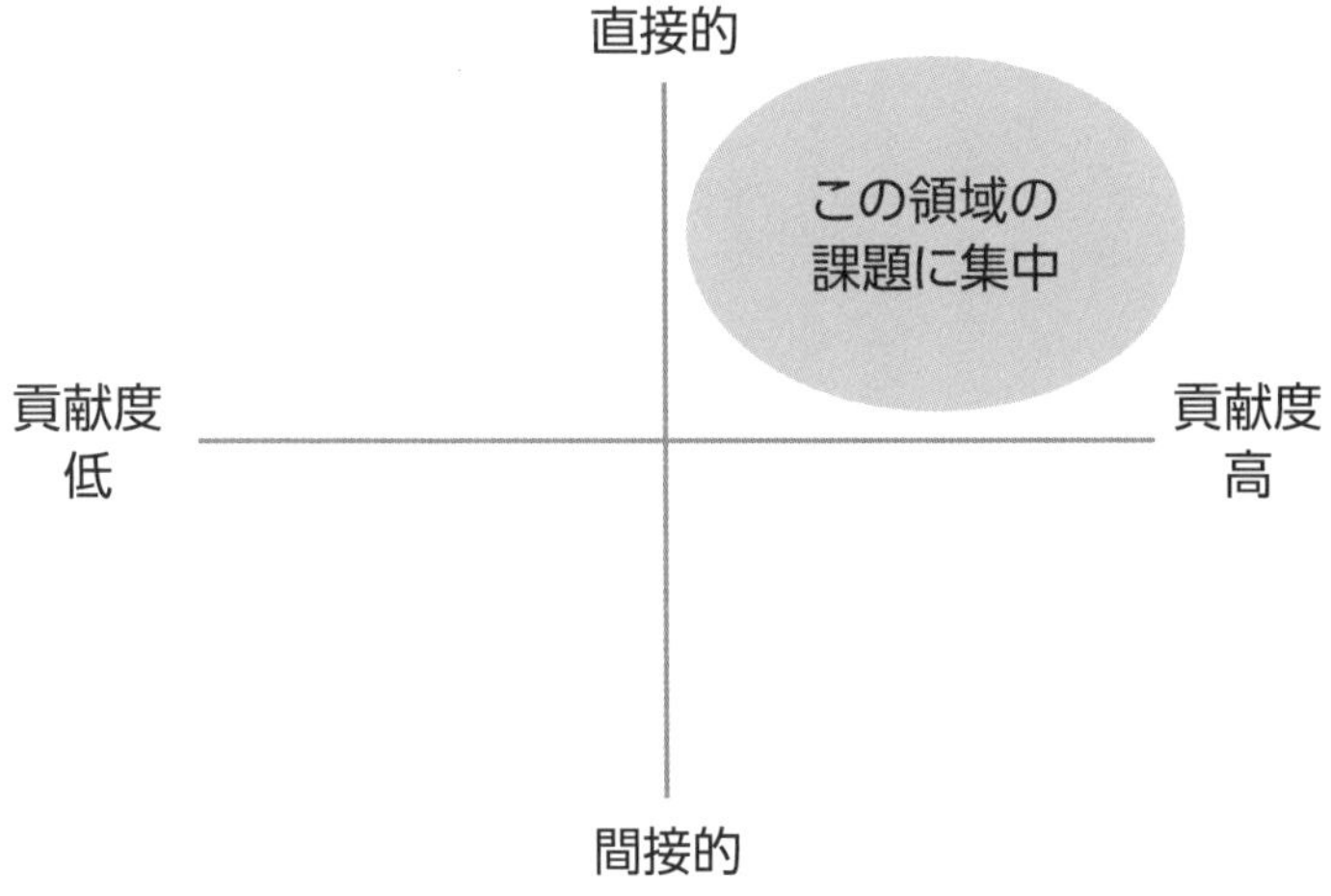

むべき課題とします。

4象限に分類したものの、どれも貢献度が低く、直接的な効果が得られにくいと判断されるなら、もう一度、最終の目的を達成するために必要な課題を考え直す必要があります。

ある企業の営業部門では、「業務の効率化」をテーマに業務改善活動を行っていました。

業務改善活動を通じて、営業部門では「営業事務マニュアルの整備」「営業報告書の入力項目の簡素化」「営業会議の効率化」を課題として設定し、取り組みが進められることとなりました。

この企業が当初目指していたのは、長引く業績不振の中で業務コストを下げることです。「営業赤字を回避する」ことを最終の目的として定めており、具体的な数値目標として会社全体で10％のコスト削減を図ることになっていました。

ところが、この営業部門が掲げた業務効率化のテーマは、全体目標の達成に対して、影響度や貢献度があまりにも小さいものでした。そのため、経営層からは「再考すべき」という指示が下ったのです。

そこで、あらためて業務効率化の本来の目的を見直し、その目的を実現するための課題について議論を進めていきました。

二度目の議論から出てきた課題は、大きく進化しました。場当たり的なコスト削減策から、「不採算となっている顧客との取引解消を進める」「高コスト商品を一時的にやめて、利益率の高い商品に注力する」といった抜本的な変革を迫る内容に変わっていたのです。

カスケードダウンでは、経営が掲げる経営戦略を十分に理解した上で、取り組むべき課題を設定していきます。それでも目的を見失い、部分最適な視点で課題設定を行ってしまうことがあります。誤った課題設定を避けるためにも、常に目的に立ち返りながら、全体最適の視点で取り組むべき課題の選択と集中を図ることを意識しましょう。それが経営戦略を実現する上では大変重要なポイントとなっていくのです。

戦略の実行のポイント

ポイント① 戦略はＰＤＣＡで精度を上げる

カスケードダウンによって経営戦略を現場戦略にまで細分化できたら、次にその現場戦略に基づいて具体策を考え実行に移していくわけですが、そもそも戦略は、企業を成長させるための仮説であって、最初からうまくいく保証はどこにもありません。実行してみて、うまくいくこともあれば、うまくいかないこともあるのです。

そうした前提で、戦略は実行されるべきなのですが、企業の現状を見ると、とても残念な結果に終わっていることがあります。

あるソフトウエア開発企業の新規事業部では、会社の戦略に基づいて新たに開発したＳａａＳ（Software as a Service：インターネット上でソフトウエアを提供するサービス）事業を開始したところ、販売が伸びず苦戦を強いられていました。

しばらくすると他の部門からは「最初からうまくいくはずないと思っていた」「いったいだれが責任を取るんだ」「いくらぐらい損失が出るんだ」、そんな批判の声がささやかれるようになったのです。担当役員からは、「はやく結果を出さないと、社長や他の役員に示しがつかない」とプレッシャーをかけられ、新規事業部の部長や担当者は相当な焦りを感じるようになりました。

しばらく経っても状況は一向に改善しません。他の役員からは「そろそろ見切りを付けるべきだ」と批判の声が強まり、最終的には社長の判断で新規事業は一旦取り止めることになったのです。

新規事業部の担当者になぜ今回の事業がうまくいかなかったのか、その原因を聞くと、次のような答えが返ってきました。

お客様に対して新サービスの提案を持っていくと「他社のサービスと比べると使いやすそうだ」「価格面でもかなり競争力がある」。そんな反応が返ってきたのです。ところが、その後お客様で検討を進めてもらうと「機能面に関して必要なものが入っていない」「最低限必要な機能を付けてほしい」などの改善点が要望として上がってきました。そして、お客様からいただいた課題を持ち帰り事業部内で検討を進めていくと、「この事業に対して社内からは大変厳しい見方をされている。そのような中で、機能の追加や改善をするとなると、時間的制約や新たな予算確保の面で、社内の了解を得ることはとても難しい。なんとか現状のサービスを利用してもらい、まずは新サービスの価値をお客様に実感してもらい、拡販につなげるしかない」そんな判断に至ったのです。
しかし、お客様が必要としている機能がない状態では、購入には至らず、結局、拡販にはつながりませんでした。

時間も予算も限られている新規事業の場合、うまくいかなければ、どこかの時点で撤退の判断は必要となるでしょう。残念なのは、改善点がわかっているにも関わらず、「社内の厳しい批判があるから」という理由で、お客様の要望を取り入れられなかったことにあります。

重要なのは、戦略がうまくいかなかったときに、その失敗を起こしたことを責めたり、責任を追及したりするのではなく、なぜうまくいっていないかの原因を明確にすることです。お客様の要望に応えるために戦略や新サービスをさらにブラッシュアップし、より良いものに改善していくことが重要です。こうしたＰＤＣＡを繰り返すことが、最初からうまくいく保証のない戦略の精度を高めて、良い結果につなげていくことになるのです。

戦略を良い結果につなげていくためには、まずは「戦略はPDCAで精度を上げる」を全社で周知し、重要性を理解しておくことが大切なポイントとなります。

ポイント② 人材は戦略実行のOJTで育成する

日本企業の労働生産性は先進国の中でも最も低いと言われています。その中で、今多くの企業が、リスキリングなどの人材育成に力を注いでいます。

しかし本書でも繰り返し指摘しているように、人材育成は、企業が目指す経営戦略を実現するための「手段」となる中で、その「手段」を手段として活用するためには、社員自身が経営戦略を理解し、戦略を実現するためにどのような知識やノウハウが必要かを考え、自分で何を学ぶべきか決める必要があるのです。そのプロセスを踏まえず人材育成だけを進めても、効果は上がらないのです。

停滞していた人材育成の取り組みを、新しい仕事に生かしている企業の例を紹介します。

ある商社では、これからの変革の時代に備え、人材戦略を策定しました。社員が身につけるべき能力としては、以下のようなものが挙げられていました。

「新しいアイデアや方法を実践しながら、価値創造やイノベーションを推進する能力」
「複雑な課題に対して、データや事実を基に分析し論理的に解決を進める課題解決力」
「さまざまな変化に対して、柔軟かつ素早く対応していくための行動力」

人事部は、これらの能力を身につけることを目的に、社員に「戦略論」「マーケティング論」「課題解決力」「ロジカルシンキング」などの研修を受けさせていました。

ところが、実際の現場で求められていたのは「いかに顧客とのパイプを太くできるか」「いかに人脈を広げられるか」「いかに新たな商売につながる情報を掴めるか」など旧来からの商社マンとして求められる能力です。変革の時代に求められるような知識やスキルは、既存事業で生かされることなく、研修は何ら役に立つことなく終わっていました。

そこでこの商社では、社員が学んだ知識やスキルを生かすために、経営戦略を現場までカスケードダウンし、社員一人ひとりの新たな役割や課題を現場戦略として設定しました。そして、細分化した現場戦略を実行するＯＪＴに取り組むことにしたのです。

具体的には新商材の開発や提案、グローバル化に向けた新規市場の開拓といったテーマを掲げました。社員は研修で学んだ知識やスキルを活用しながら、営業の現場で、既存顧客の課題を解決する新商材を提案したり、マーケティング論で学んだ手法を駆使しながら、海外の新規先の開拓を進めたりしています。

大きな成果が出るまではしばらく時間がかかりそうですが、この戦略の実行によるＯＪＴを通して、社員は変革の時代にどういった知識やスキルが必要なのかを理解しました。実践を積み上げることで、吸収した知識やスキルを自分自身の武器として使えるようになってきています。

ポイント③「稼ぐこと」を最上位の目的にさせない

本書ではこれまで「業績向上」「売上拡大」「儲かる仕事」という言葉を各所で使ってきました。その上で、一つ伝えておかなければならない大切なことがあります。それは社員に「稼ぐこと」を最上位の目的にさせてはならないということです。

これを聞いて多くの方が「そんなこと当たり前だ」と反応していただけると信じたいとは思いますが、現実的には、会社を存続させ、社員の生活を守るために、「稼ぐこと」が最上位の目的になってしまっている企業が数多くあるのです。

さまざまな企業の会社案内やホームページを見ると、そこには「社会の課題を解決させること」「広く社会に貢献すること」「人々の生活に役に立つこと」「お客様の満足を追求すること」といった経営理念やミッションが記されています。「自社の利益を第一とする」ことは一切示されていないのです。

経営理念やミッションは、企業がどんな目的や目標を掲げたとしても、決して破ってはいけない最上位のルールであり、企業経営における憲法のようなものです。

企業は、経営理念やミッションを守りながら、自社の目的を実現するために必要な運転資金、設備投資、研究開発費、社員の給与や株主への配当などの原資を確保するために、その手段として「稼ぐこと」も同時に進めていかなければなりません。

ところが、この「経営理念やミッション」と「稼ぐこと」の関係が理解されないまま、経営者が「稼ぐこと」や「業績向上」だけを声高に発信し続けると、社員や組織は大きな間違いを犯すことがあります。稼ぐことが最上位の目的となってしまうのです。

「トンネルビジョン」という言葉があります。

トンネルビジョンとは、心身に過度のストレスがかかることで、トンネルの先のように視野が狭くなり、周りが見えなくなってしまう認知状態のことを指します。

企業業績が悪化してくると、経営者は業績改善のため社員にプレッシャーをかけることがあります。しかし、これが行き過ぎると、社員はそのプレッシャーから身を守るために「稼ぐこと」の一点に思考行動を集中させます。その過度な集中のために、脳は視野を狭め、外部からの情報をシャットアウトし、トンネルビジョンに陥ってしまうのです。

周りが見えなくなった社員は「稼ぐためには手段を選ばず」の状況に陥りがちです。近年増えている「顧客をだまして商品を売る」「品質検査が通るように数値を改ざんする」「売り上げをごまかして粉飾決算を行う」といった不正や不祥事を起こしてしまうのです。

絶対に避けなければならない事態です。そのためには、まず社員に対して過度のプレッシャーをかけないことはもちろんのこと、「稼ぐこと」の本来の意味を伝え、企業が守るべきルールをしっかり理解してもらう必要があります。

その上で、経営者として考えなければならないのは、そもそも社員が無理をしなければ稼ぐことができないような事業であれば、その事業は根本から見直す必要があるということです。もはやマンパワーだけではどうにもならない事業は、無理をしなくても稼ぐことができるようにデジタル化や無駄な業務の排除を進め、さらには無理な競争を避けるための新たな価値創造や新規事業、ビジネスモデルの転換を早く進めなければならないということなのです。

変化は「対応」ではなく「起こす」を目指す

ＶＵＣＡ（不確実性〈Volatility〉、複雑性〈Complexity〉、曖昧さ〈Ambiguity〉、変動性〈Uncertainty〉）と言われる時代においては、変化が起きたとき、企業には柔軟かつ迅速な対応が求められます。一口に「変化」と言っても、顧客や市場の変化、社会の変化、政治の変化、自然環境の変化など、その内容は多岐に渡ります。

例えば、新型コロナウイルス感染症の蔓延や地震・豪雨などの自然災害、あるいは地政学リスクなどの大きな外部環境の変化は、企業自身の努力では避けることのできない変化です。大きな外部環境の変化は、事業の継続性にも多大な影響を与える可能性があることから、企業としては本腰を入れて対処していかなければなりません。

また、企業間で起きる「劇的な競争の変化」が起きたときは、単なる対応では済まないこともあります。

今や世界中の人々が利用しているスマートフォン。アップル創業者であるスティーブ・ジョブズが2007年にiPhoneを発売したことがきっかけで、その市場が一気に拡大していきました。一方でガラケーと言われる従来型の携帯電話は一気にシェアを落としていきました。他のメーカーは、そこからスマートフォンの開発競争に追い込まれることとなったのです。

iPhoneの登場は、携帯電話のメーカーだけでなく、音楽関連業界や、書籍出版関連業界などをも巻き込んで、事業の在り方やビジネスモデルの見直しを迫りました。

たった一つの製品が登場することで、劇的な競争環境の変化が起き、関連する企業は変化への対応を迫られたわけです。一つ見落としてはならないのは、携帯電話市場における競争環境の変化は「起こした側」と「対応した側」という2つの大きな対立軸があるということです。

もちろん、この対立構造で優位に立ち、莫大な先行者利益を獲得することができたのは、変化を起こした側のアップル社です。

同じような例を挙げるとすれば、ジェフ・ベゾスが創業したアマゾンやイーロン・マスクが創業したテスラなども変化を起こした側でしょう。

これからも起こる「劇的な競争環境の変化」には、柔軟かつ迅速に対応しながらも、長期的には「変化を起こす側」に立つことを目指す必要があります。

戦略実行を通して将来への希望を取り戻す

戦略の実行に関して最後に伝えておかなければならないのは「戦略実行を通じて将来への希望を取り戻す」ことです。

日本はこれまで、「失われた30年」を通して経済成長や技術開発力、国際競争力などさまざまなものを失ってきました。そして、目には見えませんが、決してなくしてはいけない大切なものも失いました。

それが「将来への希望」です。

「将来への希望」は、さまざまな問題を抱える日本が、これから一つひとつの問題を解決する上で、その解決を進める上での原動力となり、また心の支えとなるものです。それが、人々の心からなくなりつつあるのです。

バブル以前の話をすると、現役世代は「昔と今とでは時代が違う」と反発するかもしれません。しかし、かつての日本企業には、どこの国にも負けない技術力、競争力を持ち、メード・イン・ジャパンを世界に席巻させ、「ジャパン・アズ・ナンバーワン」と世界に言わせしめるほどの成長を遂げた時代がありました。

当時、働いていたビジネスパーソンは、優れた日本企業を誇りにし、「自分もがんばればいつかは報われる」と思いながら、将来への希望を持ち続けることができたのです。

将来への希望は、さまざまな問題や課題を解決して行くための原動力となります。多少の人間関係の悩みや、長時間労働があっても、会社を辞めずに乗り越えることができました。

ところがバブル崩壊後、企業が低迷から抜け出せない状態が続くと、多くの人々が「がんばっても報われない」と感じ始めました。心の支えとなっていた「将来への希望」は「諦め感」や「失望感」に変わっていきました。生きていく上で優先すべき判断基準も「将来よりも今」「働きがいよりもお金」「他人よりも自分」へと変化していったのです。

もし、誰もが「今」と「金」と「自分」を生きていく上での判断基準とする時代になったら、社会はどうなってしまうのでしょうか。

もはや想像するのも恐ろしいとしか言いようがありません。

では、どうすれば「将来への希望」を取り戻せるのでしょうか。

「希望」は、じっと待っていれば向こうからやってくるものではありません。企業で言えば、経営者が社員に与えるものではないということです。国家で言えば、政治が国民に与えるものではないということです。

希望を取り戻すためには、一人ひとりが将来に向けて目標を立て、行動を起こし、試行錯誤を繰り返しながら前に進むこと。次第に「これならうまくいくかもしれない」という可能性を感じることが必要なのです。その可能性が実現に近づくと、「希望が見えてきた」と感じ始め、徐々に諦めや失望は「希望」に変わっていくようになります。

企業経営者の役割としては、社員が自ら将来に向けて目標を立て、行動を起こしていくための機会および活躍のステージを提供する必要があります。

本書でお伝えしたカスケードダウンは、企業の経営戦略を実現するための仕組みである一方、諦め感や失望感を感じている社員が、将来への希望を自らの手で取り戻す機会でもあり、社員一人ひとりが挑戦するためのステージでもあるのです。

ケース6 「中期経営計画の達成」（商社C社 197ページより続く）

C社は3カ年の中期経営計画において売上総利益の30％増という目標を定めていました。

この目標はとてもハードルが高く、達成は決して容易ではありませんでした。そのような中でカスケードダウンに取り組み、経営から現場までの基本的にすべての社員が目標達成に向けた新たな取り組みに挑戦し始めたのです。

最初に大きく変わったのが、それまでまったく動かなかった課長層。普段から淡々と仕事をこなすだけで、経営のことなど興味もなさそうな課長層が、カスケードダウンを通じて「10年後の会社を支えているのはいまの課長である自分たちだ」と気づき、次第に目つきを変え、自ら積極的に戦略推進のためのミーティングを開き、現場の社員を巻き込んでいきました。続いて会社に不満をもらしていた現場の若手社員の意識も変わりました。課長層との議論を踏まえ、新たな商材の発掘や競合他社の状況について情報を収集したり、新規のメーカーに訪問し工場を見学したりし、何よりも楽しそうに社員一人ひとりが新しいことへの挑戦に向けて主体的に行動し始めたのです。

もちろん新たなビジネスを軌道に乗せることは簡単ではありません。それでも彼ら彼女らは紆余曲折と試行錯誤を繰り返しながら、地道に新たな挑戦を続けていったのです。その結果、3年という中期経営計画の期間には間に合いませんでしたが、ほどなくして売上総利益の30％増という目標を達成することができたのです。

現在のC社の組織図を見ると、カスケードダウンがきっかけとなって立ち上がった次世代素材を扱うプロジェクトが事業化し、健康、医療に関連する2つの事業部が新設されています。

実現できたのは、中期経営計画の達成や新規事業の立ち上げだけではありません。**図表7-4**に示す通りC社の組織体質が変化したのです。一連の新たな挑戦に取り組んだことによって、それまで低下していた「社員の士気」や悪化していた「社内の風通し」が大きく改善されたのです。

図表 7-4　改善した「社員の士気」と「社内の風通し」

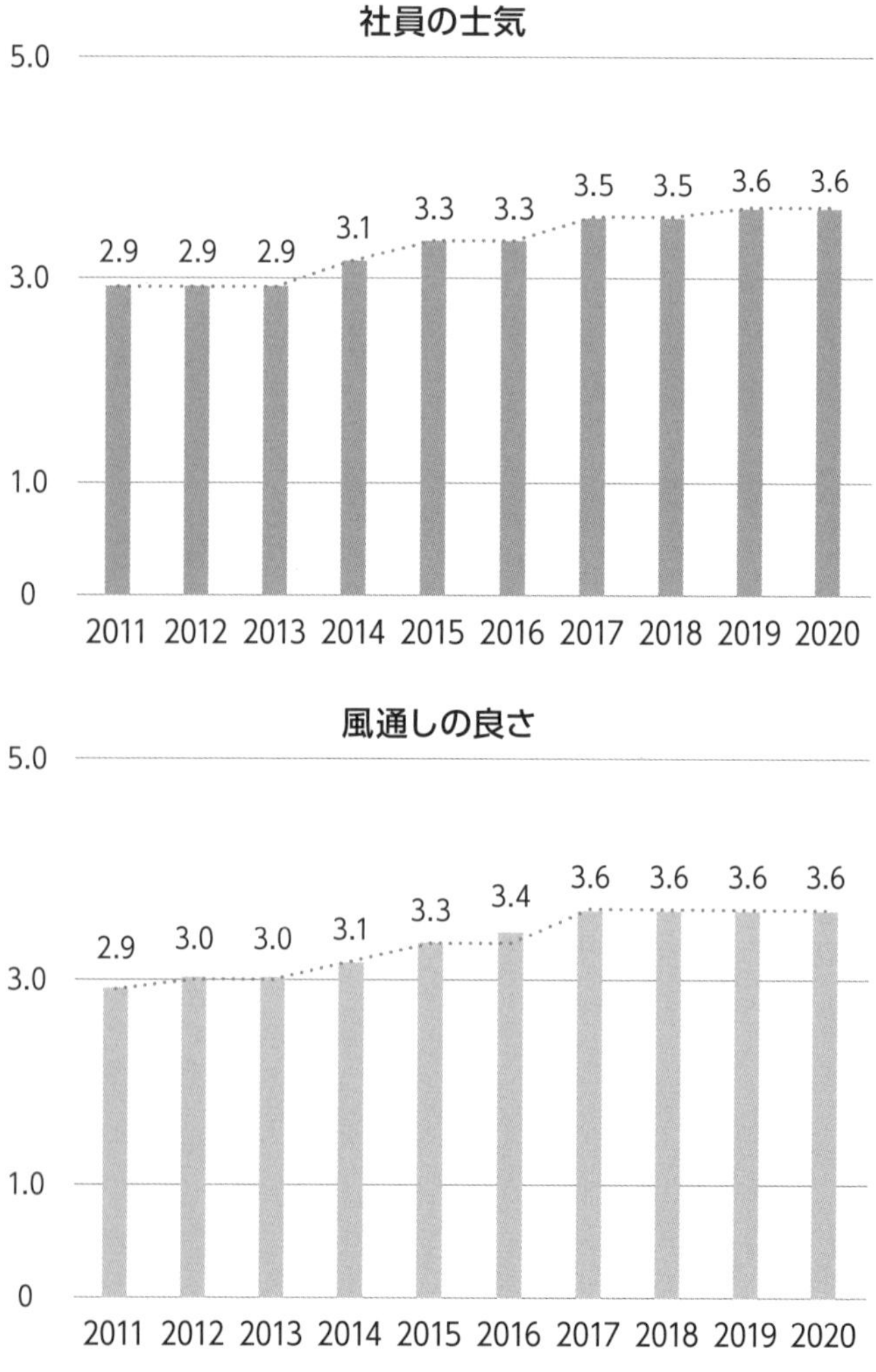

出所：Open Work（就職転職支援サイト）

多くの企業は「社員のやる気」や「組織体質」を改善することが「業績向上」につながると考え、さまざまな人事施策に取り組んでいます。しかし、C社の事例を見ると、それとはまったく逆のことが起きているのです。

わざわざ、多くの企業が取り入れているような人事施策などに取り組まなくても、経営戦略に基づいて、社員が互いに協力しながら、新たなビジネスや新規事業の開発に向けて挑戦し続け、地道に結果を積み上げていけば、結果的に「社員のやる気」や「社内の風通し」が改善し、組織体質や風土、社員の意識を変えることができるのです。

おわりに

2003年、信託銀行で法人営業を担当していた頃のことです。ある時、部長に呼ばれ「これに応募してみたらどうだ」といって紙を渡されたのです。そこには「経営計画検討プロジェクトのメンバー募集」という文字が書かれていました。

当時は、バブル崩壊後の不良債権処理に伴い、多くの銀行が公的資金による資本注入を受けていました。その公的資金の返済のために、私が勤めていた信託銀行でも「収益拡大」が至上命題となり、膨大な収益目標の達成に向けて日々追われていたのです。

私は収益拡大を否定してはいませんでしたが、日常業務がすべて収益目標達成のために向けられ、顧客の要望に応えられないことや、逆に顧客に無理な要求をお願いすることが頻発し、仕事に対して非常にストレスを感じていました。そのストレスから私はいつも職場で愚痴や不満をこぼしていました。部長はそんな私のことを気にかけ「文句ばかり言っていてもしょうがない、何か行動してみたら」と声をかけてくれたのです。

「経営のことなどわからないが大丈夫か？」「プロジェクトでいったい何をするのか？」、いろいろと不安はありましたが、経営のことを学べるチャンスはなかなかないし、プロジェクトが成功すればキャリアアップにもつながるだろうと考え、私は思い切って応募してみました。

結果、部長の推薦もあってメンバーに入ることができました。

ＰＴ（プロジェクトチーム）の目的は、「自社の問題点の整理」「事業の強み、弱みの分析」を行い、中期経営計画の達成に必要な課題の解決策や業務の改善策を検討するというものでした。メンバーは、入社9年目から15年目の社員11名で構成されていました。
プロジェクト期間は約4カ月、ほぼ毎日、本店の会議室に集まり、終電ぎりぎりの時間まで熱い議論が続きました。議論の中ではそれまで知らなかったさまざまな情報に触れることができ、「自分の視野の狭さ」や「全体を見ることの大切さ」に気づくことができました。

提言のテーマは「各事業の強化策」「グループ会社との連携策」など7つに絞り込まれ、私はそのうちの「顧客志向」というテーマをまとめることになりました。
まず、問題提起として「自社の経営は収益目標の達成が第一となっており、社員が顧客のことを常に第一に考えているとは言い難い」点を指摘しました。その上で、経営計画は収益を拡大させることが目的ではあるが、前提として「お客さまから選ばれ、ご満足いただける」という銀行の目指すべき理念があり、まずはそれを社員に定着させることが当社の課題であるということをまとめたのです。

ところが思わぬ事態が起きました。

提言書は最終的に役員にプレゼンを行った上で完遂ということになっていたのですが、その前の経営企画部長によるチェックの段階で、私が問題提起した「当社は顧客を常に第一に考えているとは言い難い」という一文が削除されてしまったのです。

私は「なぜ削除するのか」「現状をしっかりと受け止めるべきだ」と企画課長を通して食い下がりました。しかし課長は「当社が顧客志向でないと本当に言いきれるのか？」「根拠やデータは示せるのか？」と反論してきたのです。何も言い返せなかった私は、後日、ＰＴのメンバーに援護を求めました。しかし、メンバーからも「経営企画の人たちに理想論を語っても通じない。会社が生き残るためには、いまは収益拡大が第一であり、石原さんの言いたいこともわかるが、そこは譲歩すべきだ」と諭され、それ以上はどうすることもできなかったのです。

今思えば、提言書で伝えるべき内容は「収益拡大」と「顧客志向」のどちらを優先するのかではなく、両立させるための戦略を立てること、つまり、顧客も満足し収益も上がる「新たな事業」や「金融ビジネス」を構築しなければならない、ということでした。その内容であれば経営企画部長も理解を示していたのかもしれません。残念ながら、当時の私にはそれをまとめる力はありませんでした。

提言書は50ページほどの冊子にまとめられ、役員プレゼンへと進みました。本店の最上階にあった大会議室、20人以上が座れる広いテーブルにＰＴメンバー11名と役員５名が向かい合って座りました。最初にＰＴリーダーが提言の内容を説明し、その後役員が一人ずつ感想を話しました。

「よく頑張った、大変良くできている」「経営計画策定の参考にさせてもらう」、そんな感想を述べる役員がいる一方で「君らは経営というものをわかっていない」「何か物足りない、もっと思い切った提言はできないのか」と説教を始める役員もいました。

当時私がいた信託銀行は３つの大手銀行と２つの信託銀行のグループ再編によってできた会社で、役員は５人とも出身母体が違っていました。そのせいか、提言に対する意見や感想を聞いていても、どことなく足並みが揃わず、一枚岩になっていない印象を受けました。私はそれも含めて、役員陣の発言に対しいろいろ反論したいこともありましたが、さすがにその場で発言する勇気もなく、自らの情けなさを痛感しているうちにプレゼンは終わってしまったのです。

プロジェクトが終了してから3カ月後、いよいよ中期経営計画が発表され、社内のイントラネットに30ページほどのパワーポイント資料がアップされました。早速プリントアウトしパラパラとめくると、ほとんどのページが収益計画や、それに関するデータやグラフで占められていました。時間をかけて議論した50ページの提言は、ポイントだけが簡単に記載されただけでした。

私が担当した「顧客志向」についても最後の方で軽く触れられる程度。がくぜんとしたのは、「顧客志向」の具体策が「顧客アンケートの実施」「接遇マナー研修の実施」と書かれていたことでした。これは私が提言したものとは別のものであり、すべて書き換えられていたのです。

そんな内容の資料でしたが、それをダウンロードしてプリントアウトしたのは、部内で私だけ。他の社員はほとんど読みもせず話題にすらしませんでした。発表後しばらく経っても、部長や役員からの説明は何もありません。私は、中期経営計画が発表されれば、職場で話題になりPTの元メンバーだった私にいろいろと質問してくるだろうと構えていたのですが、そんなことも一切ありませんでした。

4カ月間、膨大な時間とエネルギーを使って、私は経営計画検討プロジェクトに関わりました。しかし、中期経営計画が発表されても会社は何も変わらず、以前と変わらない目標に追われる日々に戻っただけでした。

私は虚無感とともに、次第に銀行で働くことに嫌気がさしてきました。そして「どうすれば会社は変わるのか」、もんもんと考える中、「変革」や「改革」というキーワードをもとにさまざまな情報を収集しながら書籍を読みあさり、今後自分がどうしていくべきか頭の中で整理していったのです。試行錯誤を続ける中で私は、そもそも会社を内側から変えるのは無理なのではと考え始め、思い切って会社を辞めることを決意しました。そして組織改革を専門とするコンサルティング会社に転職したのです。

「心機一転、コンサルタントとして外部から会社を変えてやろう」、そんな思いで私は転職しました。しかし、そんな甘い考えが通用する世界ではとてもありませんでした。実際にコンサルタントとしてさまざまな企業の改革支援をしていると、ビジネス書で描かれているような成功事例を再現させることはほとんどなく、もはや会社を変えることは無理なのでは、と思うほど限界を感じるようになったのです。

組織改革では、コミュニケーションの活性化策を講じることで社内の風通しを改善し、現場の主体的な取り組みをサポートすることで自主的な業務改善につなげます。小規模ながら目に見える成果を出すこともできました。

しかし、クライアントは私に「この取り組みを続けることで最終的にどうなるのか？」「本当に業績向上につながるのか？」「会社はあとどれくらいで変わるのか？」を常に問うてくるのです。つまりクライアントが期待している最終ゴールは、会社全体を変革させ業績を成長させることにあるのです。

その問いに対して私は「組織改革や人材育成による業績効果はすぐに出るようなものではない。長期的な視点を持って人を成長させることが会社を成長させる」ということを訴え続けました。

しかし、いくら時間をかけてもクライアントの期待には遠く及ばなかったのです。

クライアントを満足させられないのは、組織改革の領域に限ったことではありません。戦略系、IT系、人事系など、その他のコンサルティング領域でも同じ状況です。

「数千万円かけて外資のコンサルに戦略をつくってもらったが実行されずに終わった」
「数億円かけて基幹システムをコンサルに導入してもらったが使い物にならなかった」
「大手コンサルにお願いしてBPRを進めたが現場がめちゃくちゃになった」
「人事コンサルに研修をやってもらっているが、業務で生かされたことがない」

これらはすべて実際にクライアントから聞いた話です。

私は、それまでのコンサルティングのやり方に限界を感じ、組織改革以外の領域も含めて「なぜうまく行かないのか」を徹底的に掘り下げ、検証していきました。

そうして私はとても大切なことに気づいたのです。

改革がうまく行っていない企業でヒアリングを行った際、必ずといって良いほど出てくる現場の声があります。

「会社は色々な改革や取り組みを現場にやらせるが、意味や目的がわからない」
「経営者はいったい何を目指し、何をしようとしているのかわからない」
「会社は方針や戦略をつくってはいるが内容が漠然としていて良くわからない」

このように現場で働く社員の立場から見えてくるのは、「そもそも経営が何を目指すのか」、その意図や目的が社員にまったく理解されていないということ。いくら経営者が「変革だ」「改革だ」「成長だ」と訴えても、経営戦略を浸透させ、意図や目的を理解してもらわない限り、コンサル会社に委託して組織や人材、業務を改革したところで、経営が期待する成果が生み出されるはずもありません。

考えて見れば当たり前のことではないでしょうか。
羅針盤となる経営戦略が社員に浸透していなければ、社員が戦略を自分ゴトと捉えて行動を変えることは決してないのです。ところが、私がいた銀行も含め、多くの日本企業では、その重要な羅針盤を浸透させず、つくっただけで終わらせてしまっています。

その後、私は数々の企業でのコンサルティングを通じて「経営戦略の浸透」に取り組むことが、あらゆる問題を解決に導くと確信し、組織改革のコンサルティング会社を退職し、自分で新たに会社を立ち上げました。そして「経営戦略の浸透」を軸にコンサルティングの手法を変えていった結果、本書で紹介した事例が示すように、これまでとは違う成果や変化が生み出されるようになったのです。

今回、これまでの経験から得られた「経営戦略の浸透」に関する知見やノウハウを多くの企業に知っていただきたいということ。そして、30年間根本的に何も変わっていない日本企業の経営改革の在り方に一石を投じるべく、本書を出版することを決意しました。

これまでを振り返ると、この「経営戦略の浸透」は、他の経営課題と比べると、重要ではあるけれどもどちらかと言えば後回しになり、先送りにされるテーマとして扱われてきました。しかし、本書を読み進めていただければ、経営戦略の浸透は、今の日本企業にとってきわめて重要なテーマであり、最優先で取り組むべき課題であることがご理解いただけるのではないかと思います。

今後、カスケードダウンという手法を取り入れるかどうかは別として、まずは「経営戦略の浸透」という課題について正面から向き合い、自社はどう対応していくべきかをぜひ検討していただければと思います。

最後に一つお願いしたいことがあります。

経営者の中には「社員のことを信用していない」という方が少なからずいて、「経営戦略の浸透」などやっても効果がないと決めつけ、取り組まないケースがあります。もし、そういう見方をしているのであれば、ぜひ「社員を信じてみる」ことを実践していただきたいのです。

こういうと「あなたは考えが甘い」「社員は自分のことしか考えていない」「人は性善説では動かない」と反論されるかもしれません。しかし、社員のことを信用できず、何もしなければ、その時点でその企業は**「社員が持つ可能性」を捨て去り「得られるかもしれない利益」を放棄する**ことになるということです。

逆に、社員を信じて、社員とともに歩み進めていくことを選択すれば、**「社員の持つ可能性」は無限に広がり「これまでにないような大きな利益」を得られる**かもしれません。

「カスケードダウン」――人と組織が自ら動く経営戦略の浸透策――は、まだまだ発展途上の部分もありますが、カスケードダウンのベースにある「経営の中心に人を置く」という考え方は、今後企業が成長を続けていくための、決して欠くことのできない不変の法則であり本質だと考えています。

ぜひ、そのことを信じて取り組みを進めていただければ幸いです。

著者

【著者紹介】

石原正博（いしはら・まさひろ）

株式会社センターボード・代表取締役。
1969年東京都生まれ。1992年学習院大学法学部を卒業し、安田信託銀行入社。法人営業、企業年金制度コンサル、経営企画業務等を経験。2005年1月スコラ・コンサルトに入社。2011年独立し株式会社センターボードを設立。
主な著作に『会社が生まれ変わる「全体最適」マネジメント』（日本経済新聞出版社、2016年）がある。

カスケードダウン
——人と組織が自ら動く経営戦略の浸透策

2024年3月5日 第1刷発行

著　者｜石原正博
発行所｜ダイヤモンド社
〒150-8409 東京都渋谷区神宮前6-12-17
https://www.diamond.co.jp/
電話：03-5778-7235（編集） 03-5778-7240（販売）

企画・編集協力｜上坂伸一
装丁・DTP｜能勢剛秀
製作進行｜ダイヤモンド・グラフィック社
印刷・製本｜ベクトル印刷
編集担当｜佐藤寛久

ISBN 978-4-478-11836-8